kanaviçe®

Maria Diaz

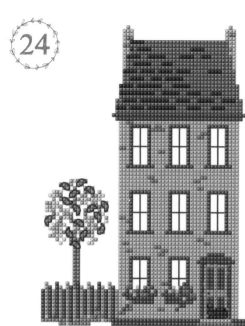

28

32

36

40

44

48

52

56

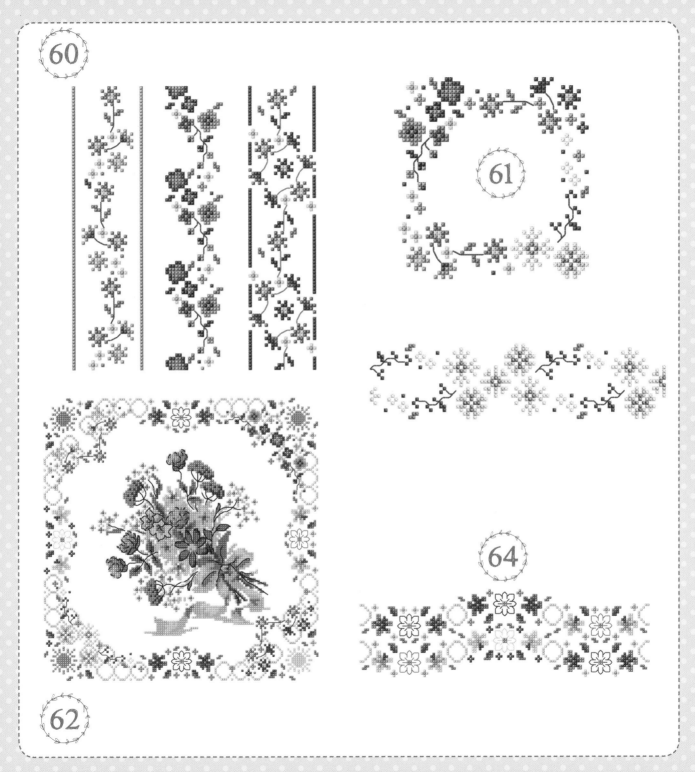

68

66

74

72

73

78

8

96

97

98

99

12

13

110

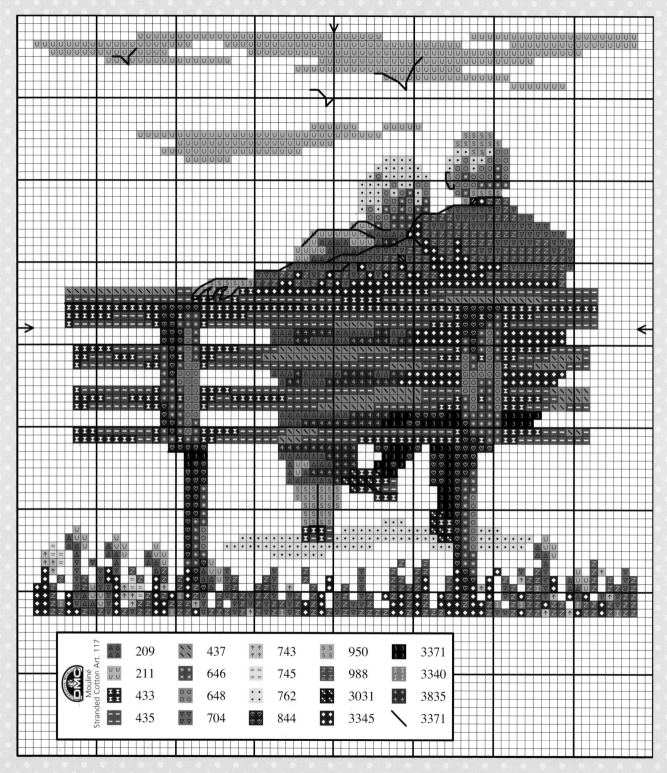

▲▲	209	＼＼	437	↑↑	743	S S	950	3 3	3371
U U	211	✳✳	646	＝＝	745	Z Z	988	I I	3340
✖✖	433	○○	648	： ：	762	◆◆	3031	◢◢	3835
━━	435	▽▽	704	♥♥	844	✖✖	3345	＼	3371

DMC
Mouliné
Stranded Cotton Art. 117

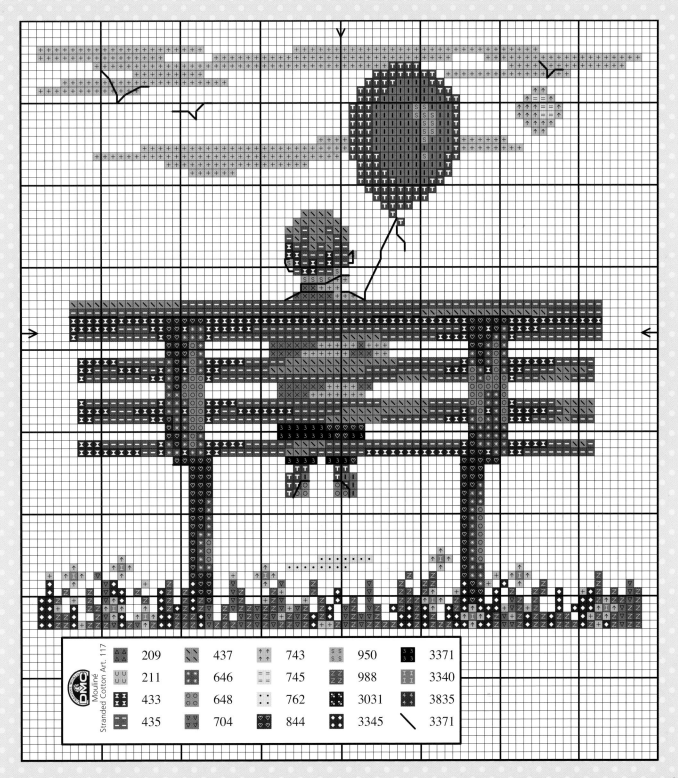

	209		437		743		950		3371
	211		646		745		988		3340
	433		648		762		3031		3835
	435		704		844		3345		3371

DMC
Mouliné
Stranded Cotton Art. 117

	166		435		646		745		950
	350		437		648		762		3750
	352		580		676		844		3825
	433		581		677		931		3371

DMC
Mouliné
Stranded Cotton Art. 117

	blanc		350		437		648		3031		3835
	166		352		580		747		3371		3371
	209		433		581		844		3750		
	211		435		646		950		3766		

DMC Mouliné Stranded Cotton Art. 117

S S / S S	E3852
□ □	208
O O	318
– –	340
Z Z	640
\\ \\	704
II II / II	726
I I / I	742
+ +	762
▽ ▽	813
✳ ✳	826
→ →	827
U U	950
L L / L L	987
● ●	3021
△ △	3064
∴ ∴	3078
H H	3864
/	E3852

Mouliné
Stranded Cotton Art. 117

20

S S / S S	E3852	
O O / O O	318	
H H	603	
= = / = =	605	
Z Z	640	
\ \	704	
II II	726	
I I / I I	742	
+ + / + +	762	
▽ ▽	813	
• • / • •	826	
→ → / → →	827	
U U	950	
L L / L L	987	
✦ ✦	3021	
▲ ▲	3064	
: : / : :	3078	
✕ ✕	3350	
H H / H H	3864	
/	E3852	

DMC
Mouliné
Stranded Cotton Art. 117

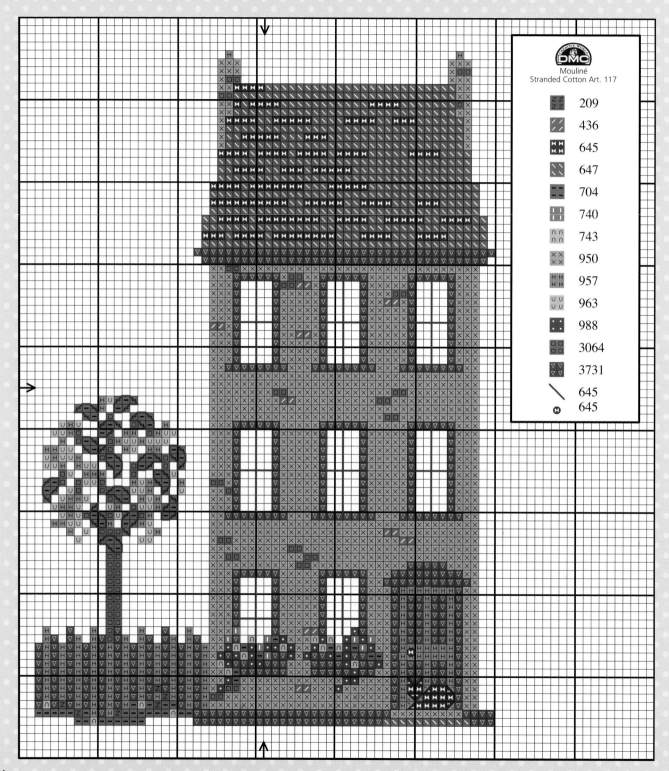

DMC
Mouliné
Stranded Cotton Art. 117

209	
436	
645	
647	
704	
740	
743	
950	
957	
963	
988	
3064	
3731	
645	
645	

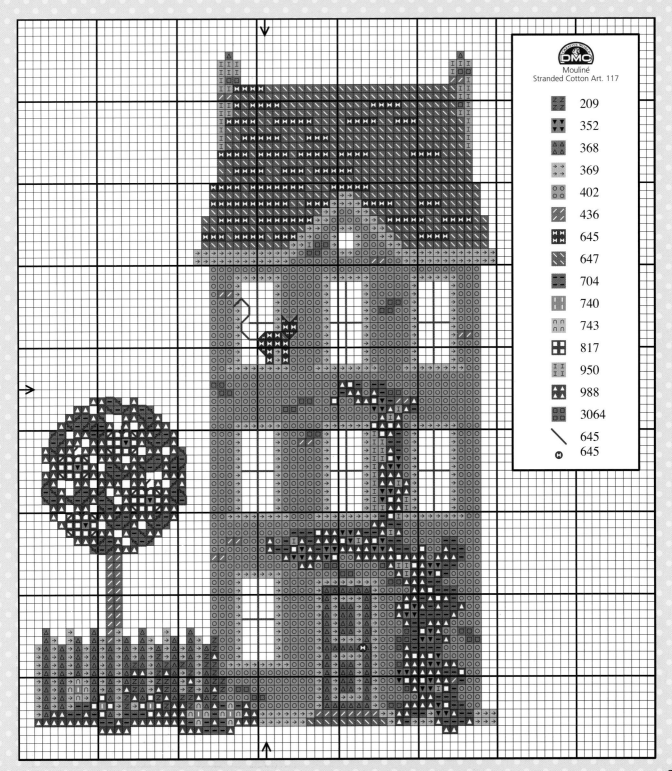

	209
	352
	368
	369
	402
	436
	645
	647
	704
	740
	743
	817
	950
	988
	3064
	645
	645

DMC
Mouliné
Stranded Cotton Art. 117

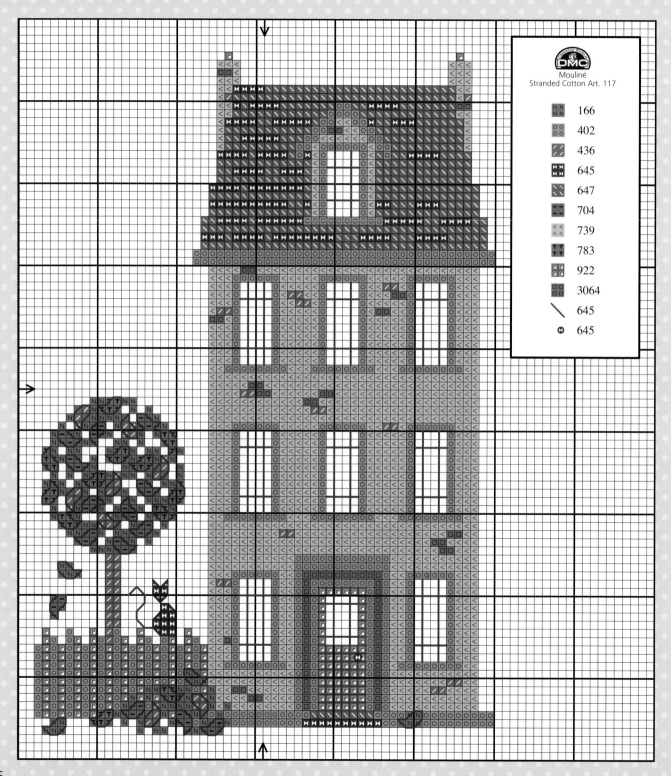

DMC
Mouliné
Stranded Cotton Art. 117

Symbol	Color
N N / N N	166
o o / o o	402
//	436
××	645
//	647
▪▪	704
<<	739
TT / TT	783
▣▣	922
▣▣	3064
\	645
⊗	645

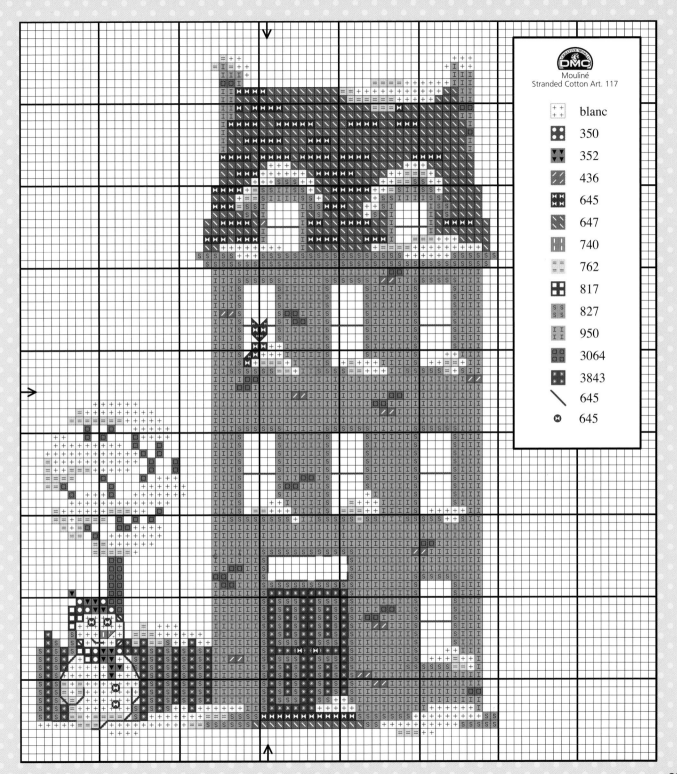

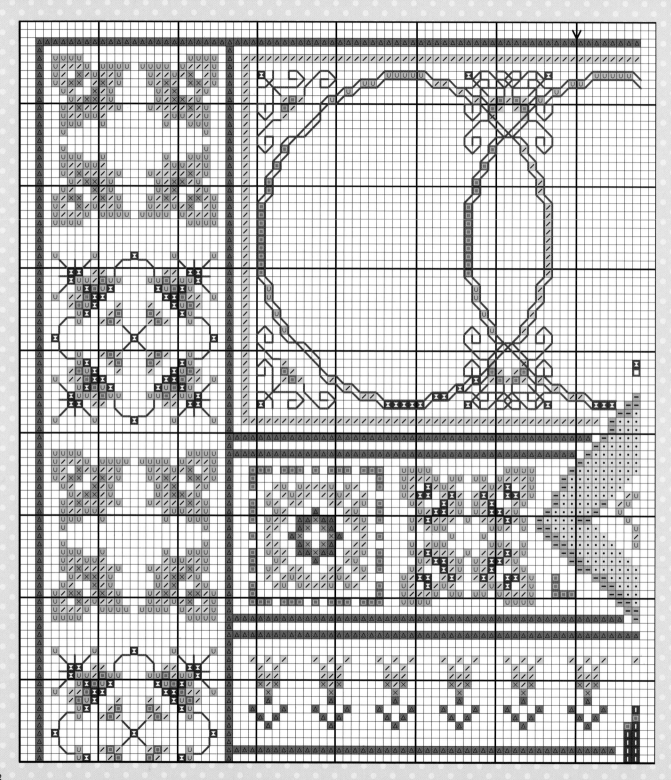

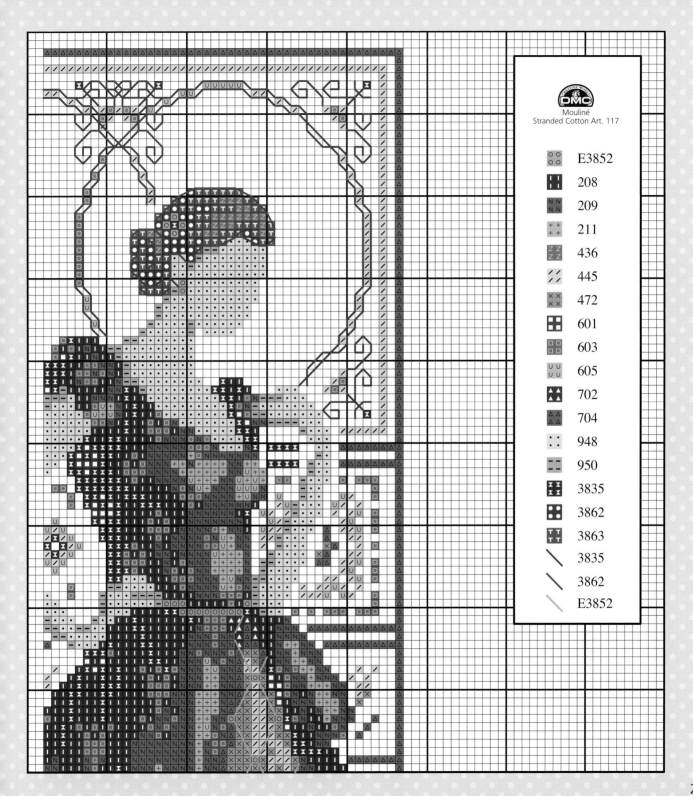

○○○	E3852
⠃⠃	208
NNN	209
++	211
ZZ	436
∕∕	445
✕✕	472
⊞	601
□□	603
UU	605
▲▲	702
◣◢	704
⠁⠁	948
--	950
✕✕	3835
●●	3862
TTT	3863
╱	3835
╱	3862
╱	E3852

DMC
Mouliné
Stranded Cotton Art. 117

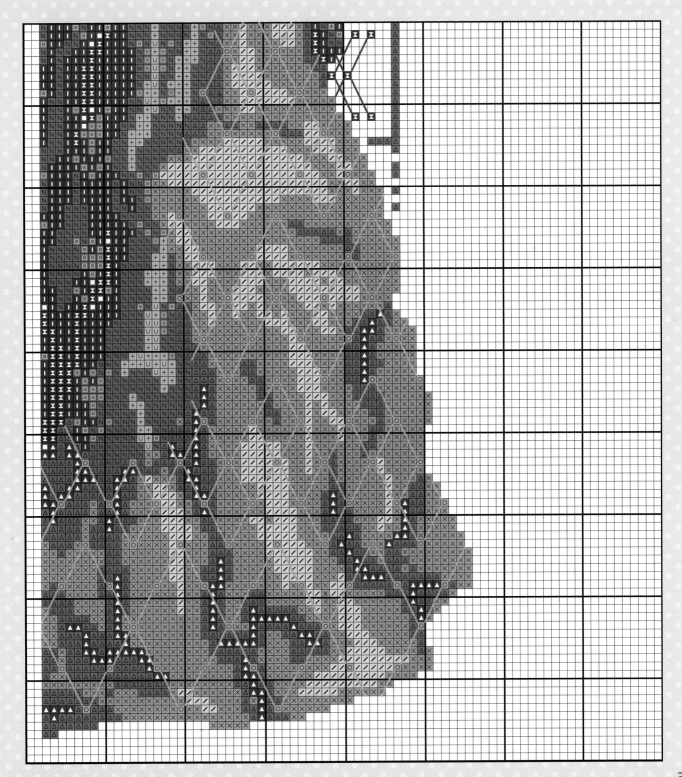

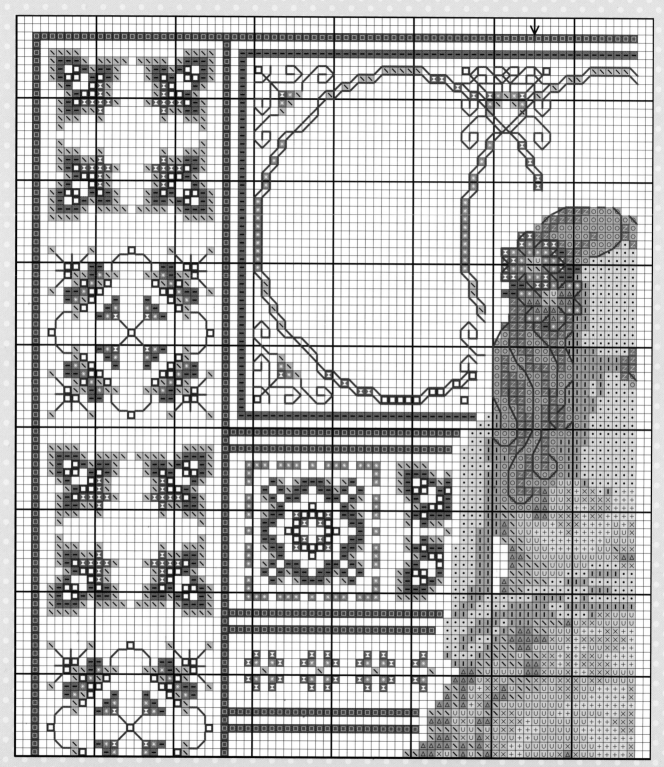

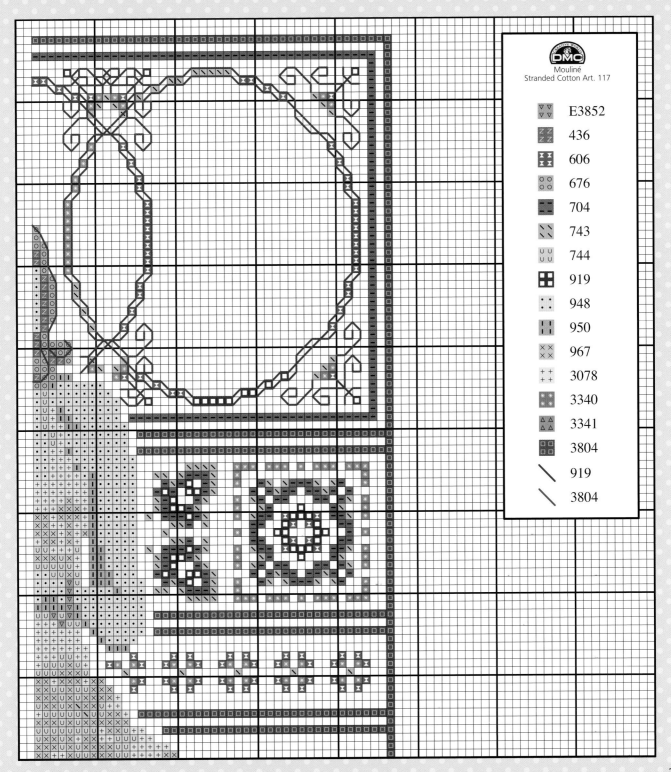

DMC
Mouliné
Stranded Cotton Art. 117

▽▽ ▽▽	E3852
ZZ ZZ	436
XX XX	606
OO OO	676
▬▬	704
\\ \\	743
UU UU	744
⊞	919
∶∶	948
‖‖	950
××	967
++ ++	3078
**	3340
△△ △△	3341
□□ □□	3804
\	919
\	3804

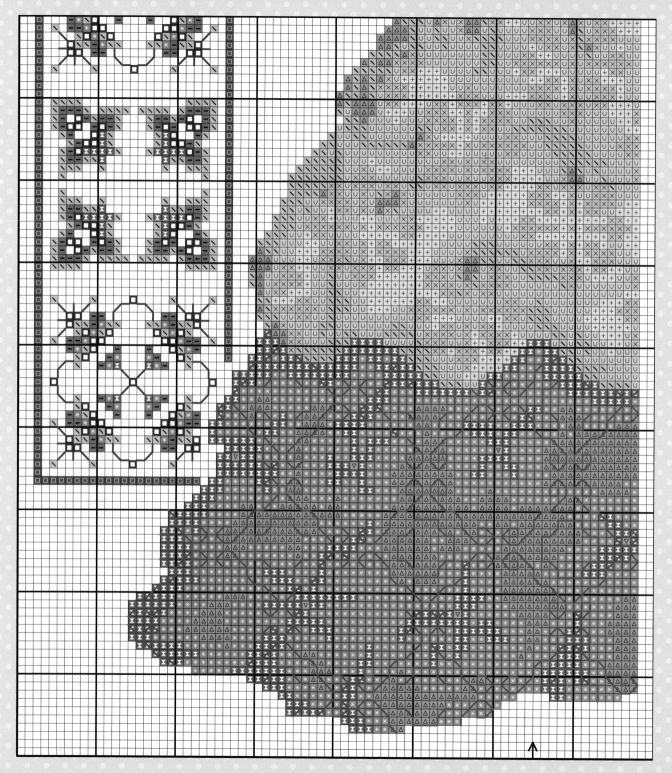

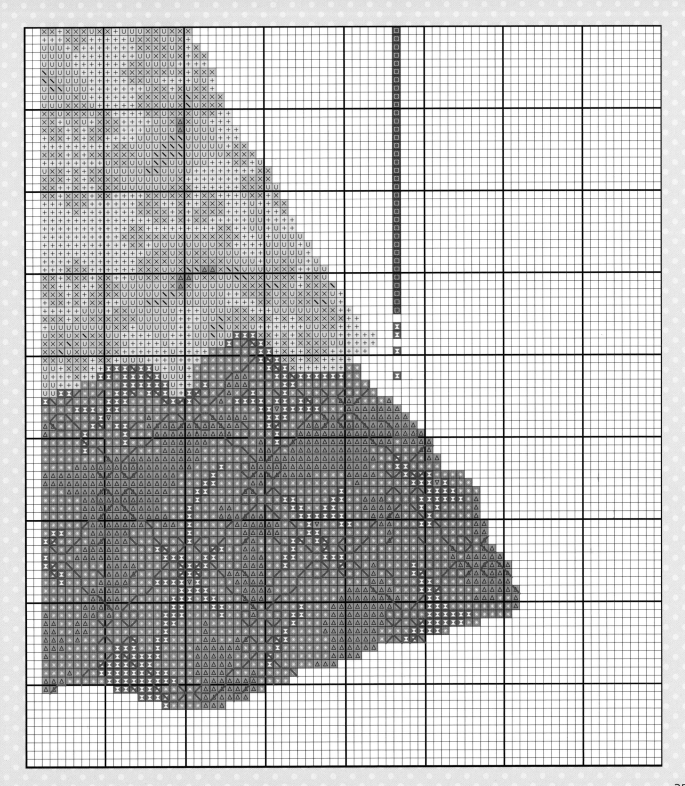

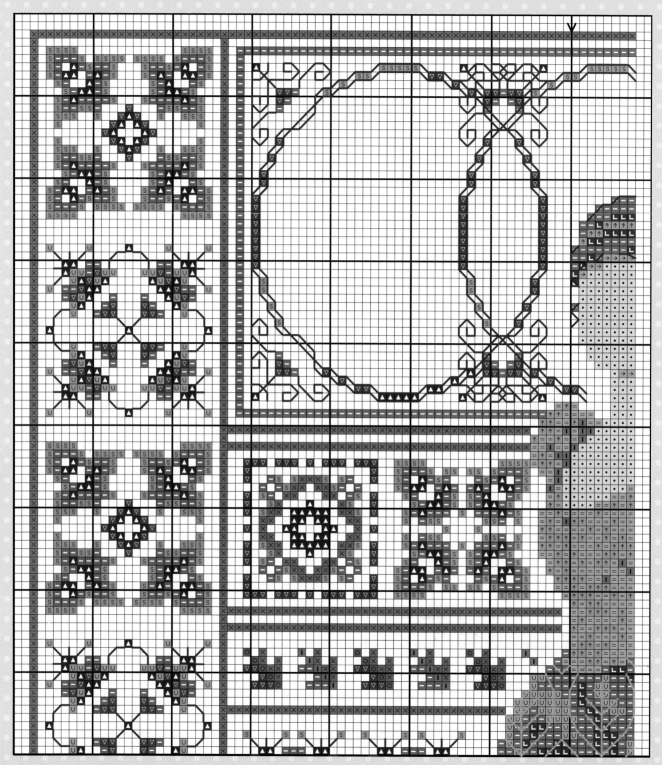

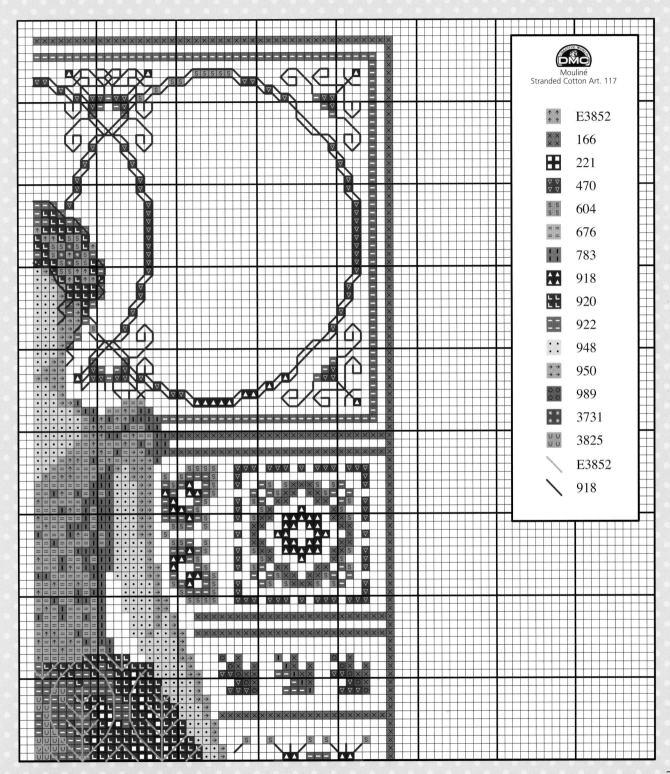

Stranded Cotton Art. 117

↑↑ / ↑↑	E3852
✕✕ / ✕✕	166
⊞	221
▽▽ / ▽▽	470
SS / SS	604
== / ==	676
‖‖	783
▲▲	918
LL / LL	920
▭▭	922
∶∶	948
→→ / →→	950
○○ / ○○	989
✱✱ / ✱✱	3731
UU / UU	3825
╱	E3852
╲	918

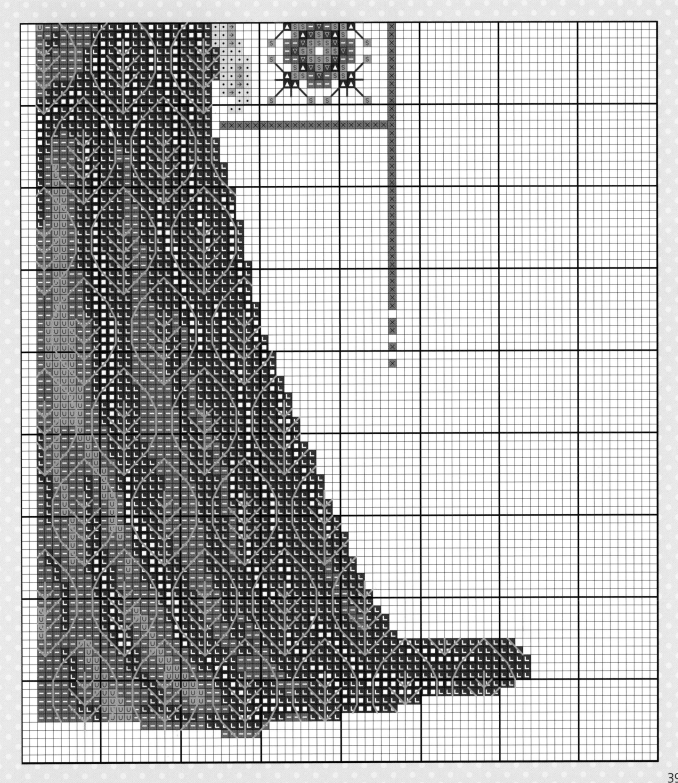

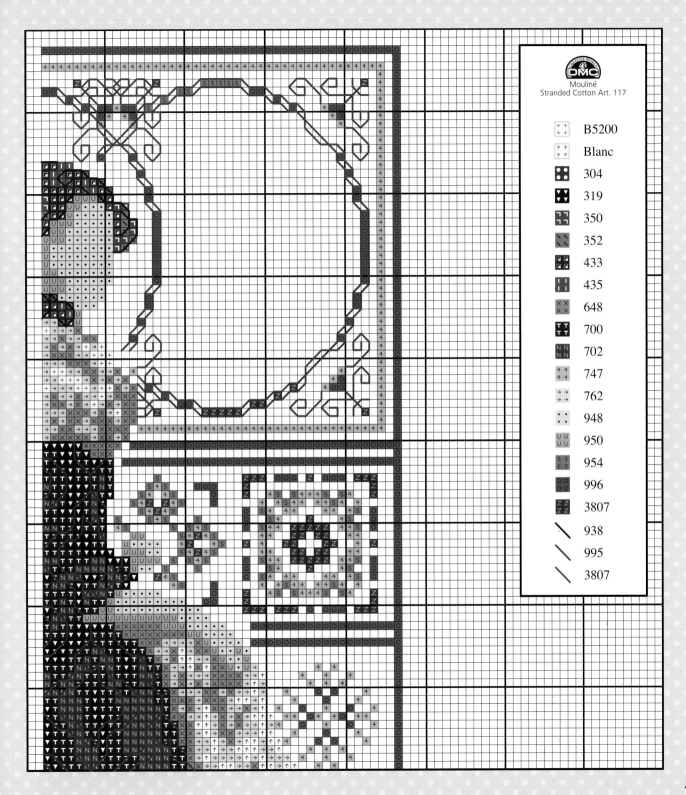

DMC
Mouliné
Stranded Cotton Art. 117

Symbol	Code
+ + / + +	B5200
↑ ↑ / ↑ ↑	Blanc
● ● / ● ●	304
▼ ▼ / ▼ ▼	319
⊡ ⊡ / ⊡ ⊡	350
\\ \\ / \\ \\	352
⊞ ⊞ / ⊞ ⊞	433
l l / l l	435
✗ ✗ / ✗ ✗	648
T T / T T	700
N N / N N	702
4 4 / 4 4	747
→ → / → →	762
∶ ∶ / ∶ ∶	948
U U / U U	950
S S / S S	954
⊙ ⊙ / ⊙ ⊙	996
Z Z / Z Z	3807
\\	938
\\	995
\\	3807

41

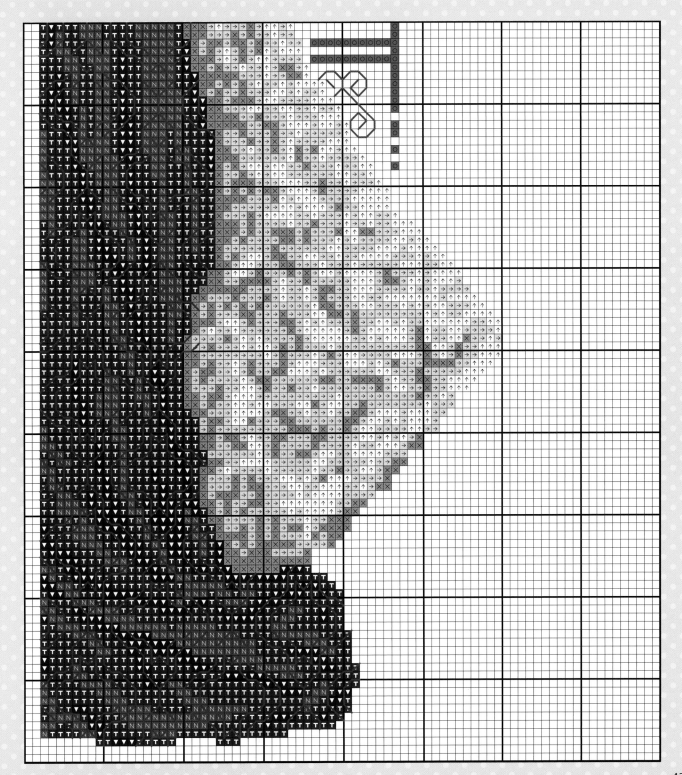

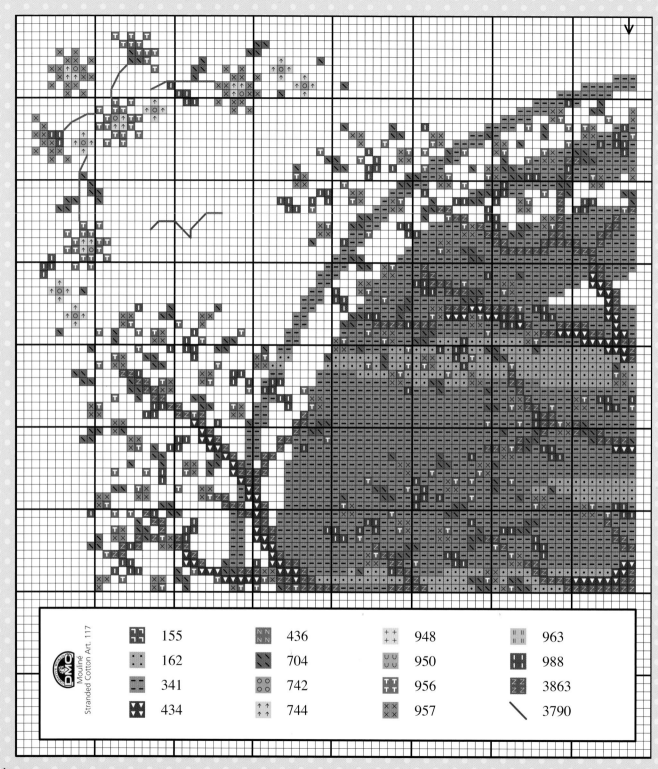

	155		436		948		963
	162		704		950		988
	341		742		956		3863
	434		744		957		3790

DMC
Mouliné
Stranded Cotton Art. 117

44

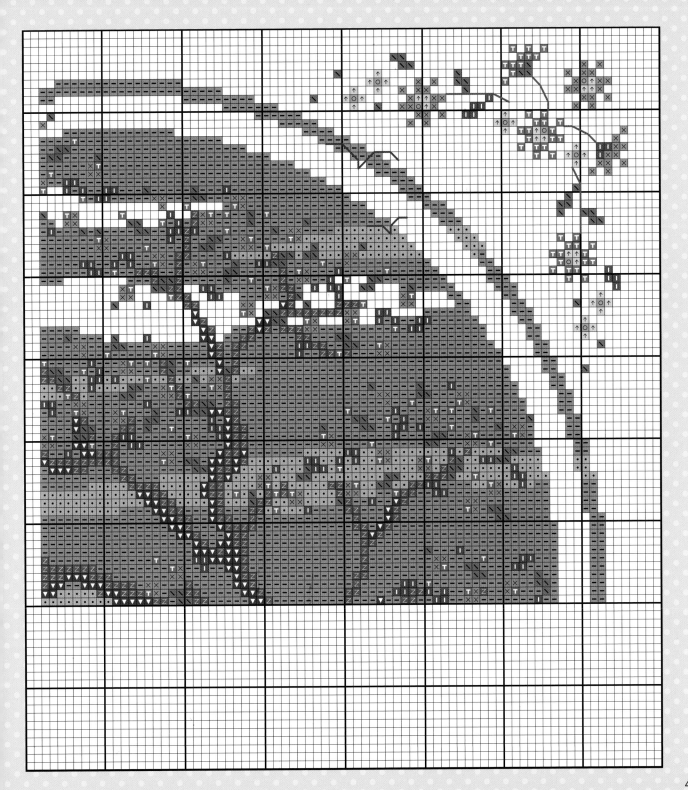

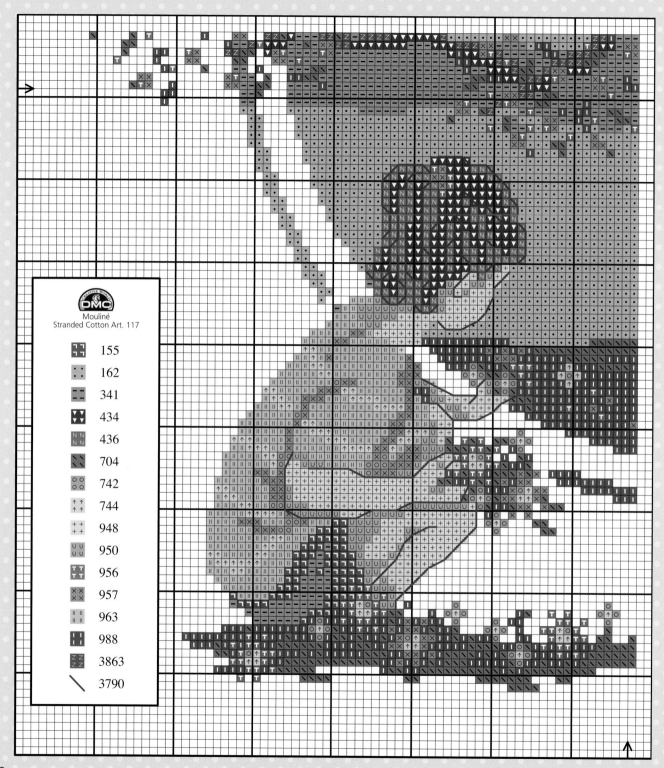

DMC
Mouliné
Stranded Cotton Art. 117

155	
162	
341	
434	
436	
704	
742	
744	
948	
950	
956	
957	
963	
988	
3863	
3790	

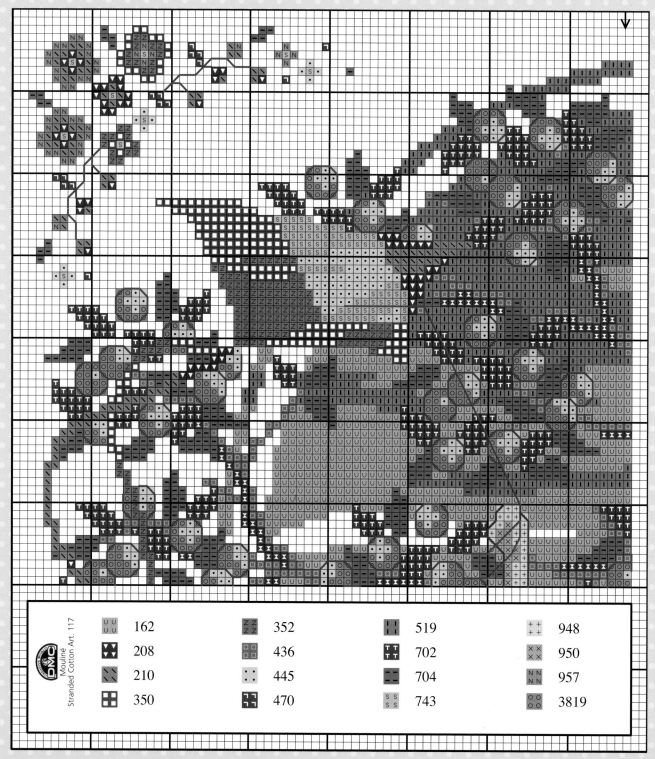

U U U / 162	Z Z / 352	! ! / 519
▼▼ / 208	□□ / 436	T T T / 702
＼＼ / 210	∴∴ / 445	▬▬ / 704
⊞ / 350	◪◪ / 470	S S / 743

+ + / 948	
× × / 950	
N N / 957	
O O / 3819	

DMC Mouliné Stranded Cotton Art. 117

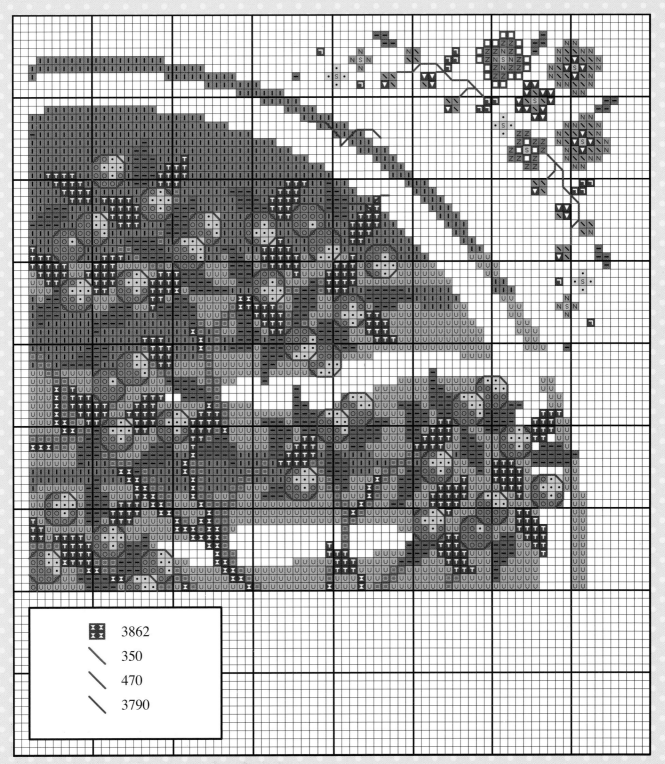

	3862
╲	350
╲	470
╲	3790

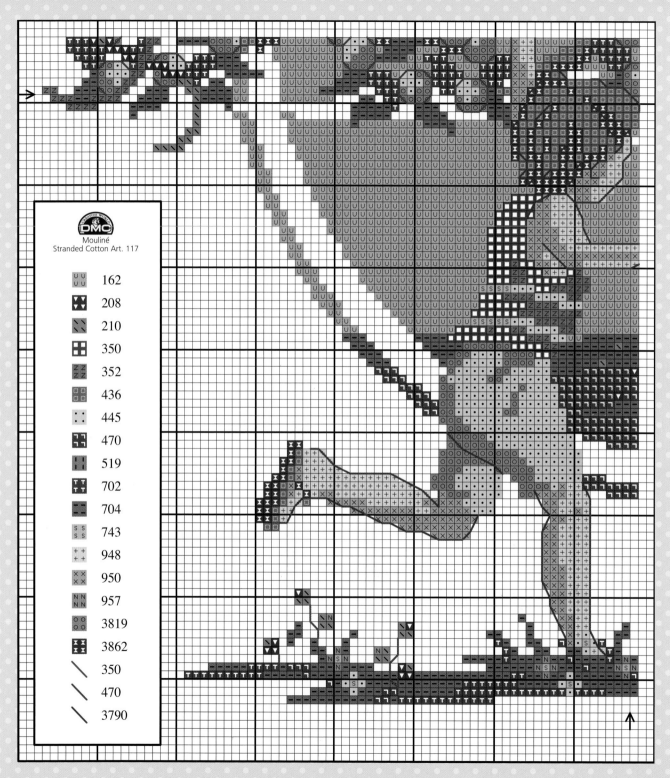

DMC
Mouliné
Stranded Cotton Art. 117

Symbol	Color
U U U	162
▼▼	208
◥◣	210
▦	350
Z Z Z	352
▫▫	436
∴	445
⊞	470
▯▮	519
T T T	702
▬	704
S S S	743
+ + +	948
X X	950
N N N	957
o o	3819
✖	3862
╲	350
╲	470
╲	3790

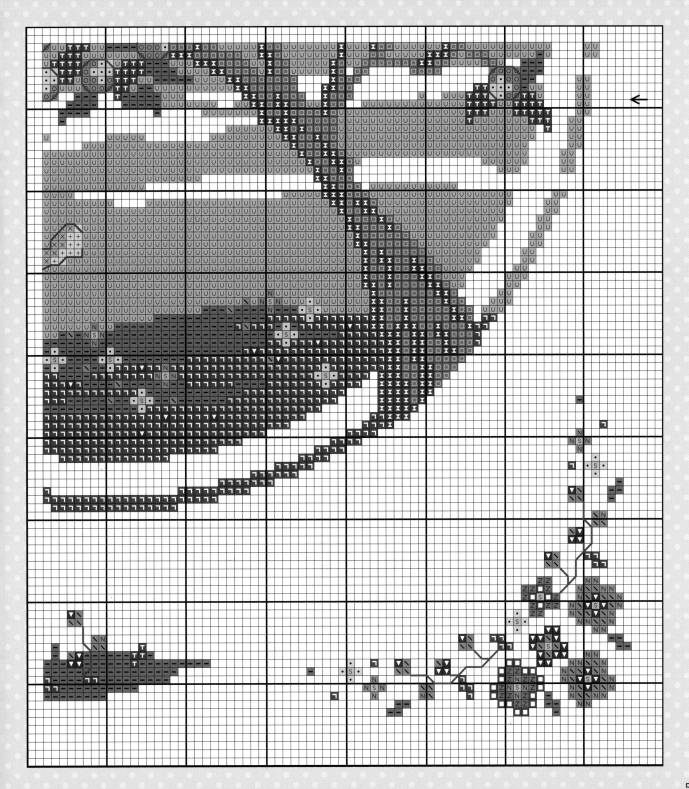

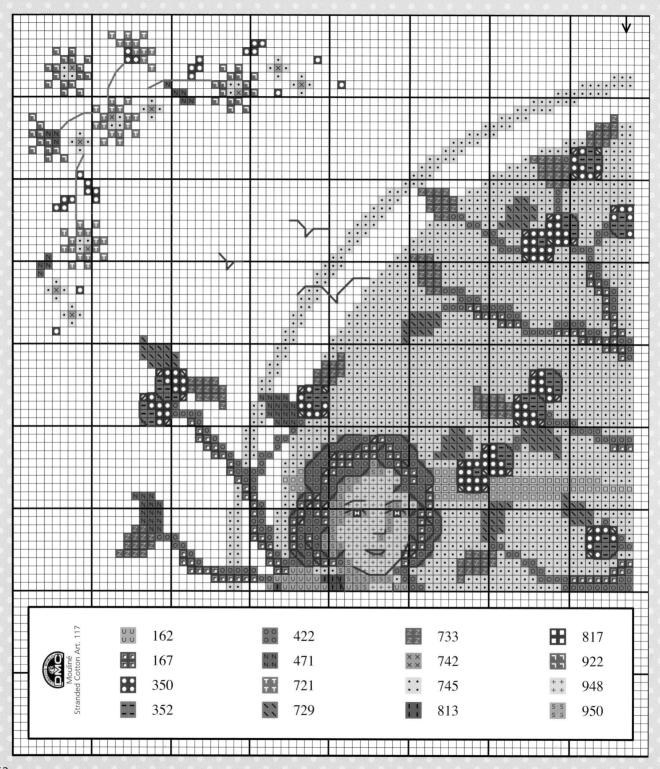

U U U / U U U	162	O O / O O	422	Z Z / Z Z	733	817
167		N N N / N N N	471	X X / X X	742	922
350		T T T / T T T	721	: : / : :	745	+ + / + +	948
352		729		813		S S / S S	950

DMC Moul48 Stranded Cotton Art. 117

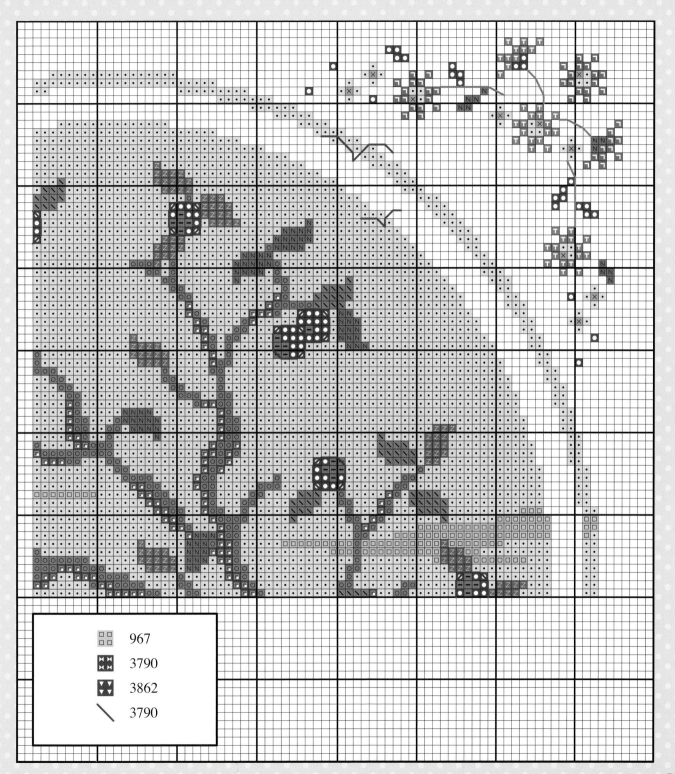

	967
	3790
	3862
	3790

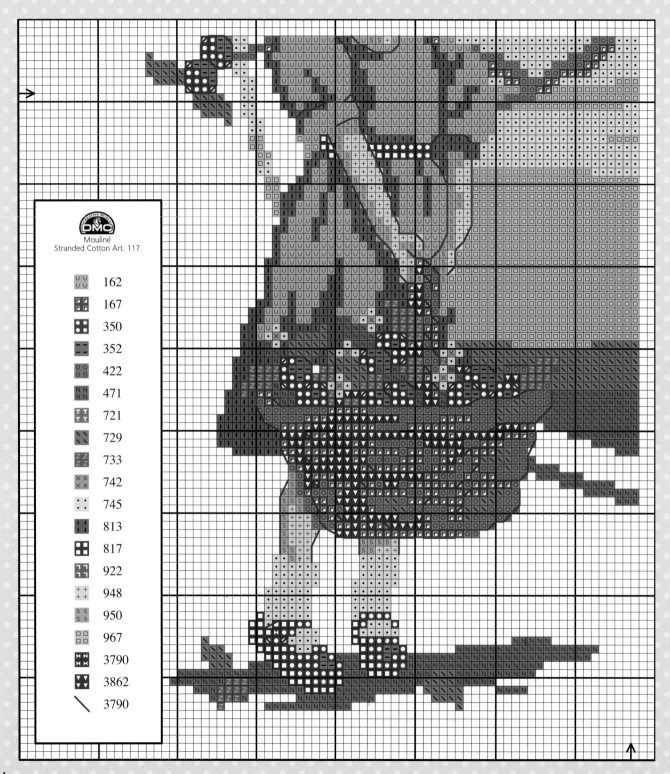

Mouliné
Stranded Cotton Art. 117

U U / U U	162
167	167
350	350
352	352
o o / o o	422
N N / N N	471
T T / T T	721
729	729
Z Z / Z Z	733
X X / X X	742
: :	745
813	813
817	817
922	922
+ + / + +	948
S S / S S	950
□ □ / □ □	967
3790	3790
3862	3862
╲	3790

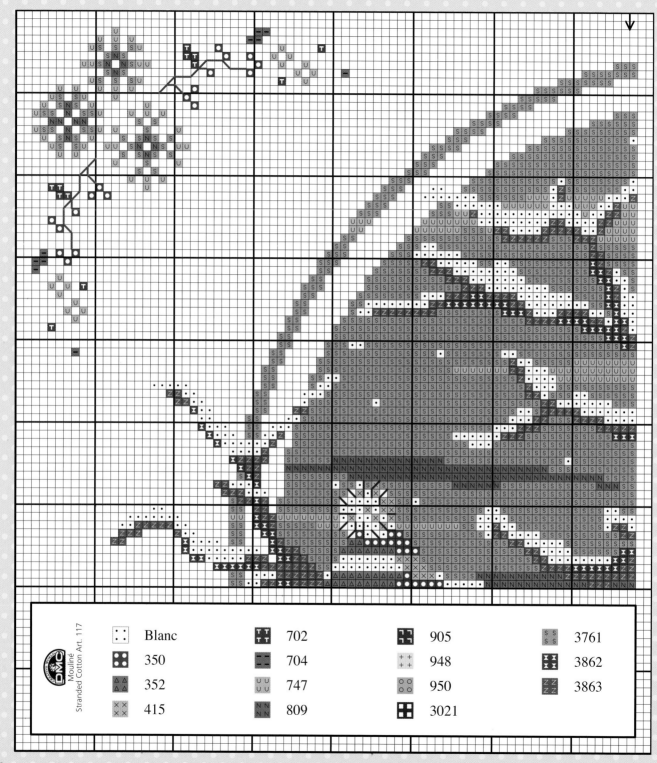

⠇	Blanc	T T / T T	702	⊞	905	s s / s s	3761
⠿	350	‑ ‑	704	+ + / + +	948	✕✕ / ✕✕	3862
△△ / △△	352	U U / U U	747	∘∘ / ∘∘	950	Z Z / Z Z	3863
✕✕ / ✕✕	415	N N / N N	809	⊞	3021		

DMC Mouliné Stranded Cotton Art. 117

56

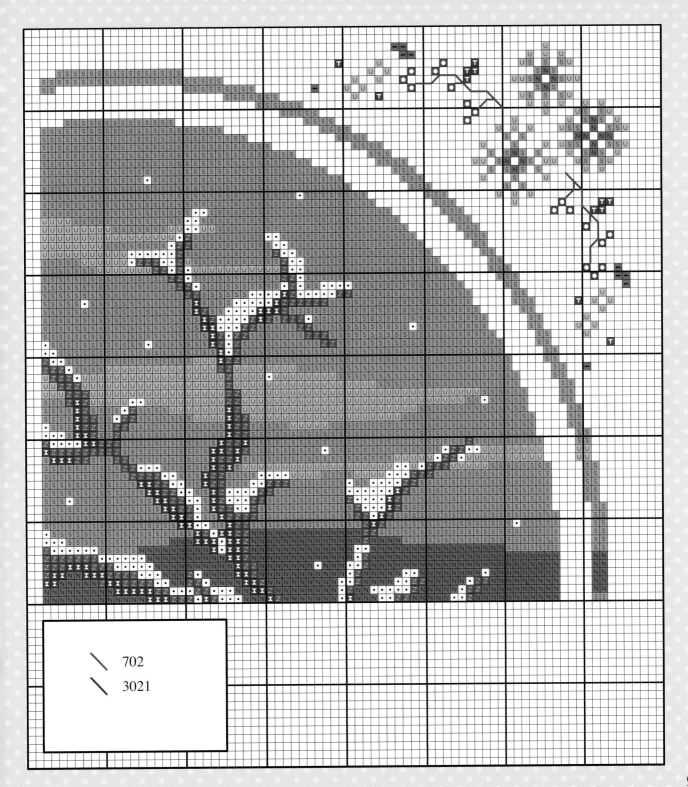

702

3021

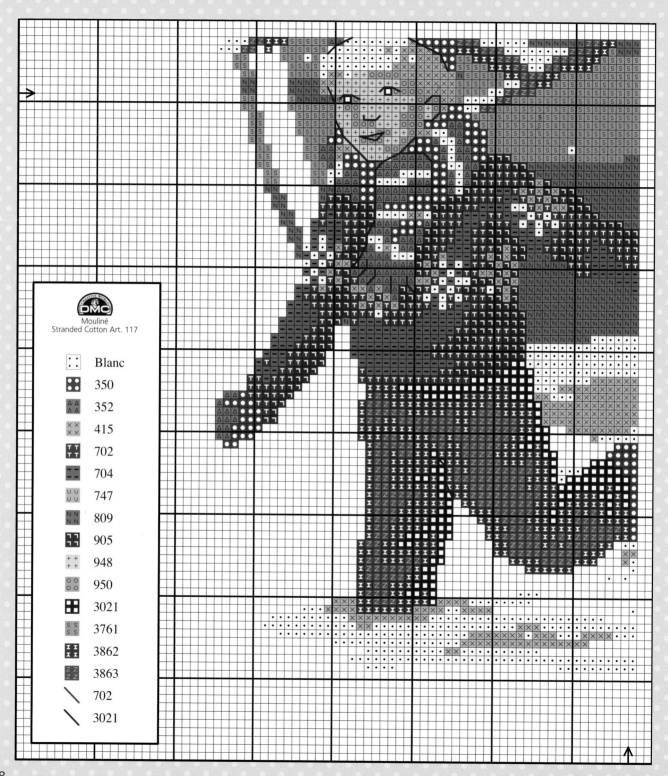

DMC
Mouliné
Stranded Cotton Art. 117

::	Blanc
350	350
△ 352	352
×× 415	415
T 702	702
▬ 704	704
U 747	747
N 809	809
905	905
++ 948	948
oo 950	950
3021	3021
S 3761	3761
3862	3862
Z 3863	3863
\ 702	702
\ 3021	3021

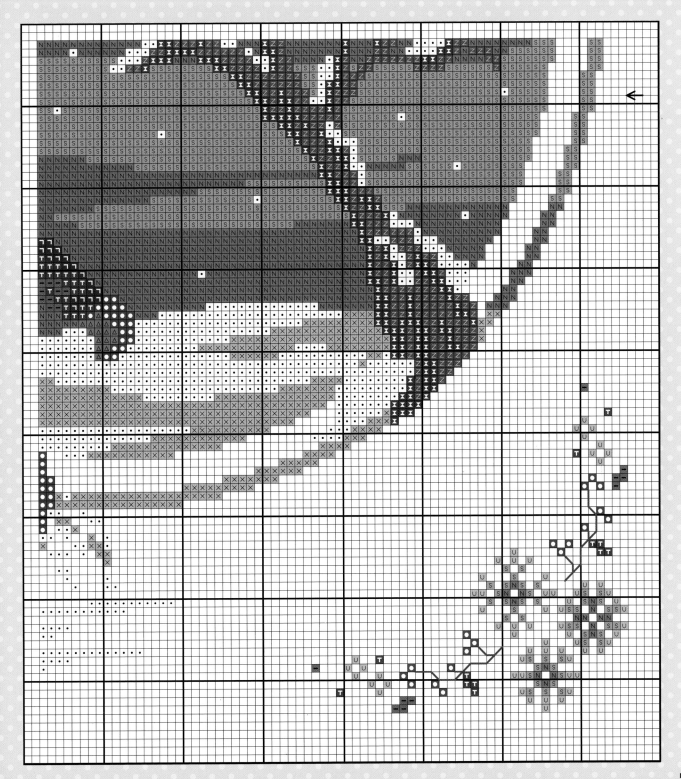

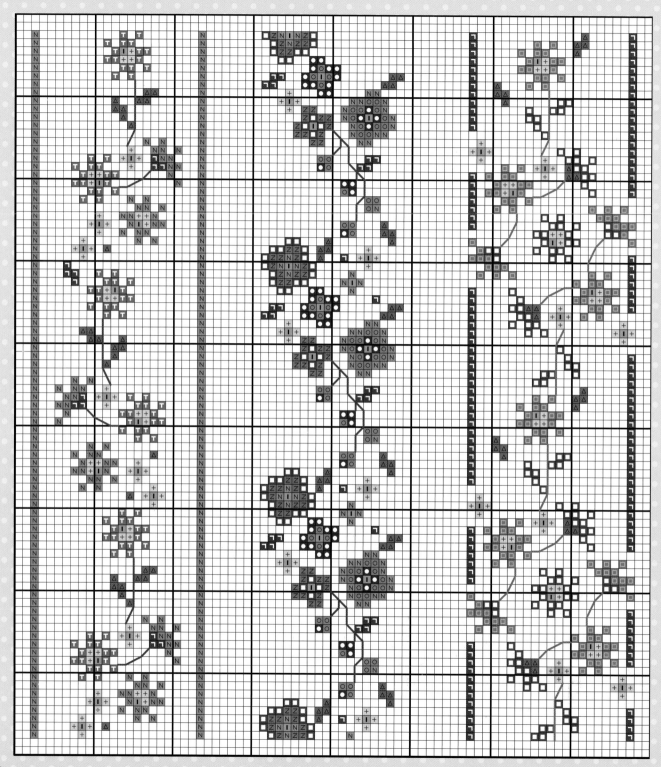

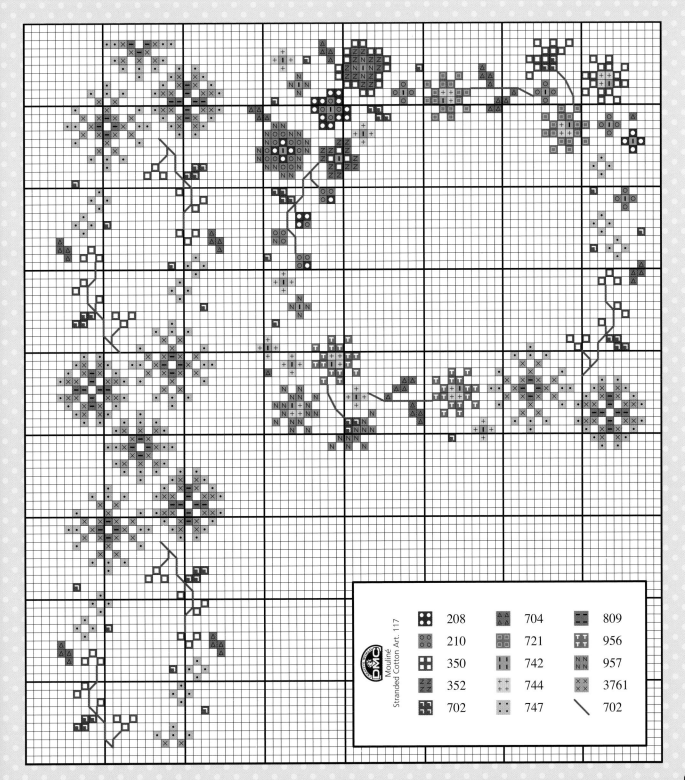

DMC
Mouliné
Stranded Cotton Art. 117

208		704		809	
210		721		956	
350		742		957	
352		744		3761	
702		747		702	

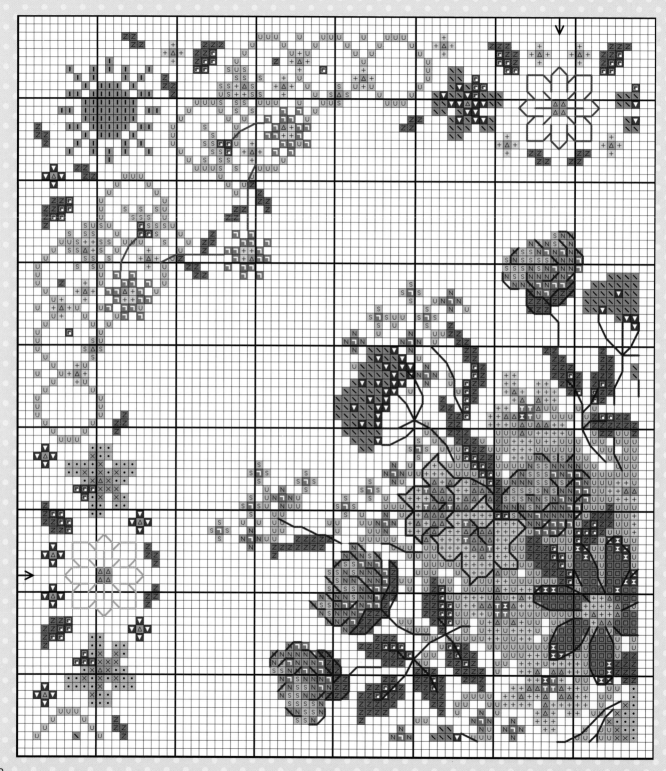

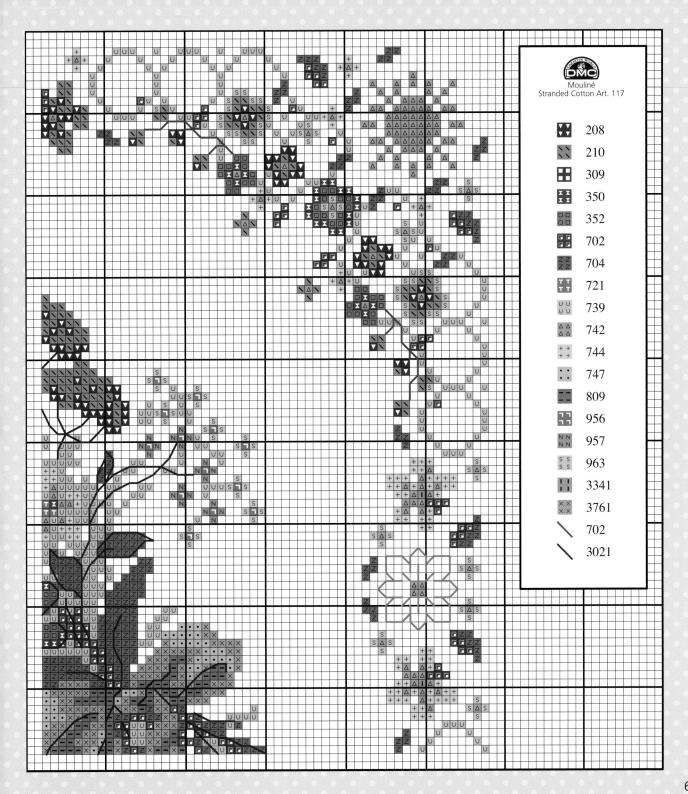

DMC
Mouliné
Stranded Cotton Art. 117

208	
210	
309	
350	
352	
702	
704	
721	
739	
742	
744	
747	
809	
956	
957	
963	
3341	
3761	
702	
3021	

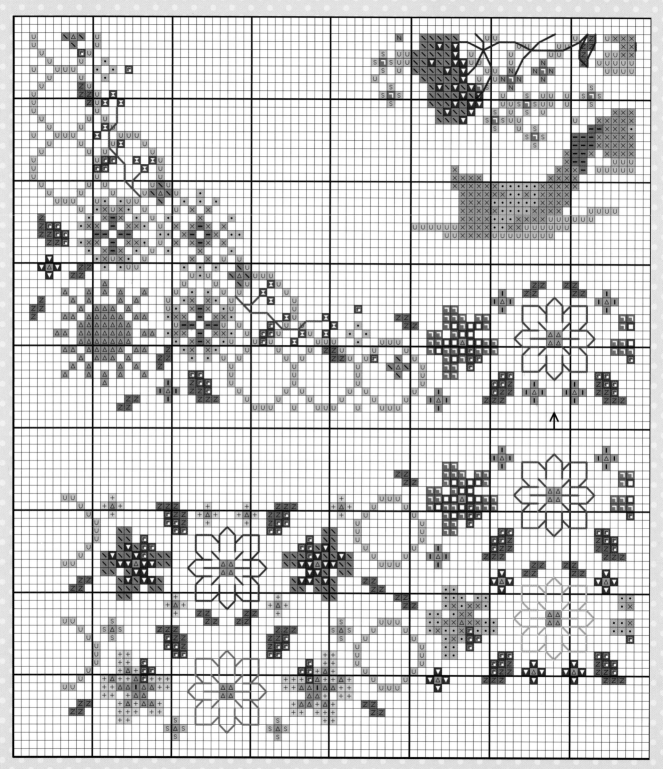

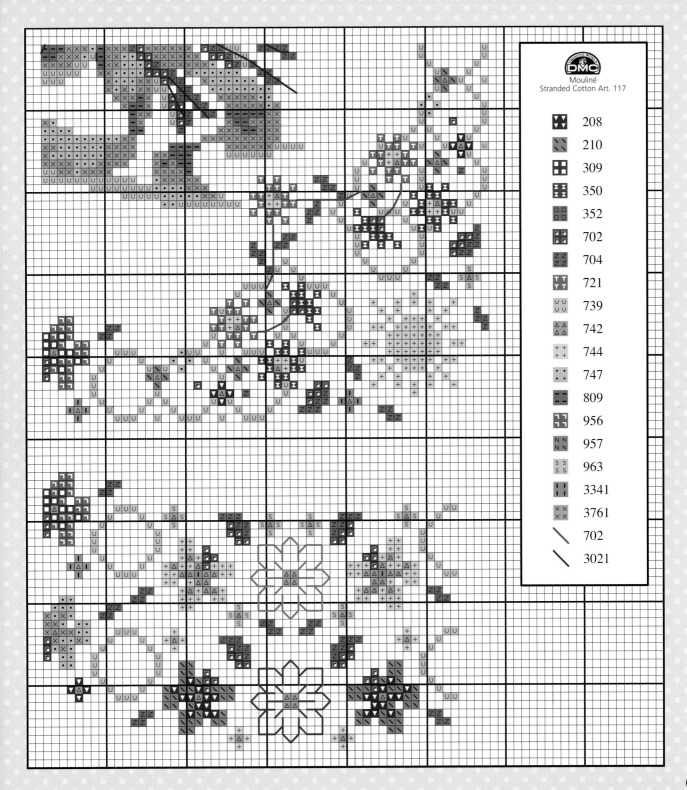

DMC
Mouliné
Stranded Cotton Art. 117

■	208
⊠	210
⊞	309
✗	350
▢	352
▣	702
Z	704
T	721
U	739
△	742
+	744
⦂	747
▬	809
⊡	956
N	957
S	963
❙	3341
✗	3761
╱	702
╲	3021

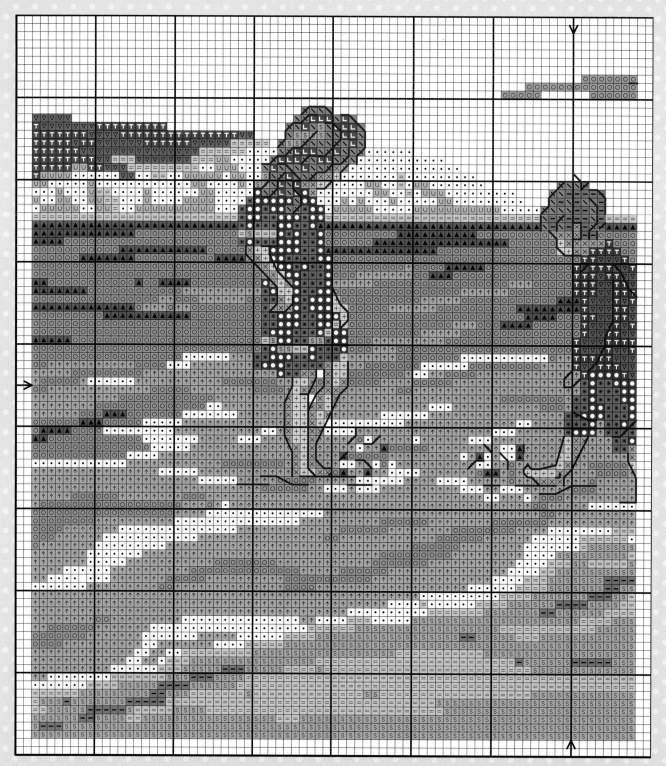

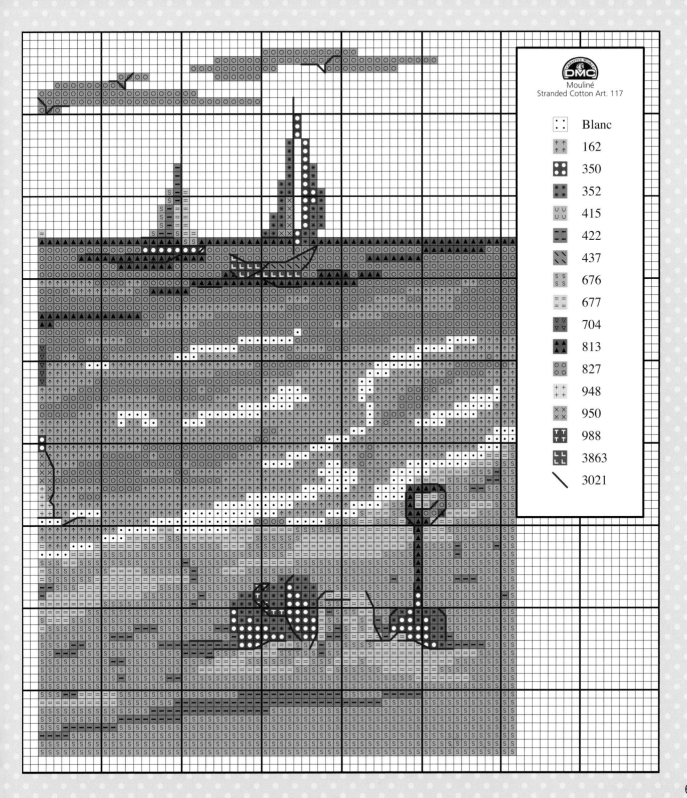

DMC
Mouliné
Stranded Cotton Art. 117

::	Blanc
↑↑	162
••	350
**	352
UU	415
--	422
\\	437
SS	676
==	677
▽▽	704
▲▲	813
○○	827
++	948
××	950
TT	988
LL	3863
╱	3021

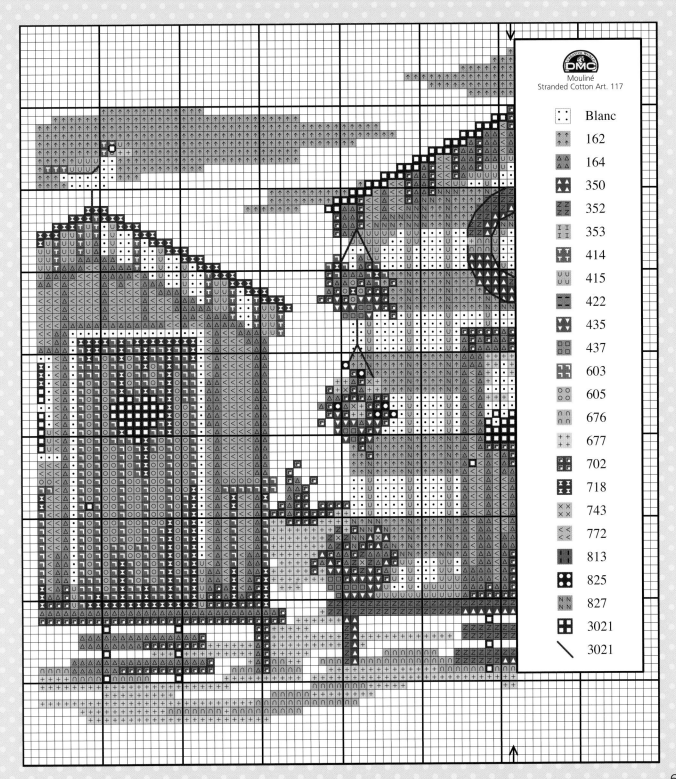

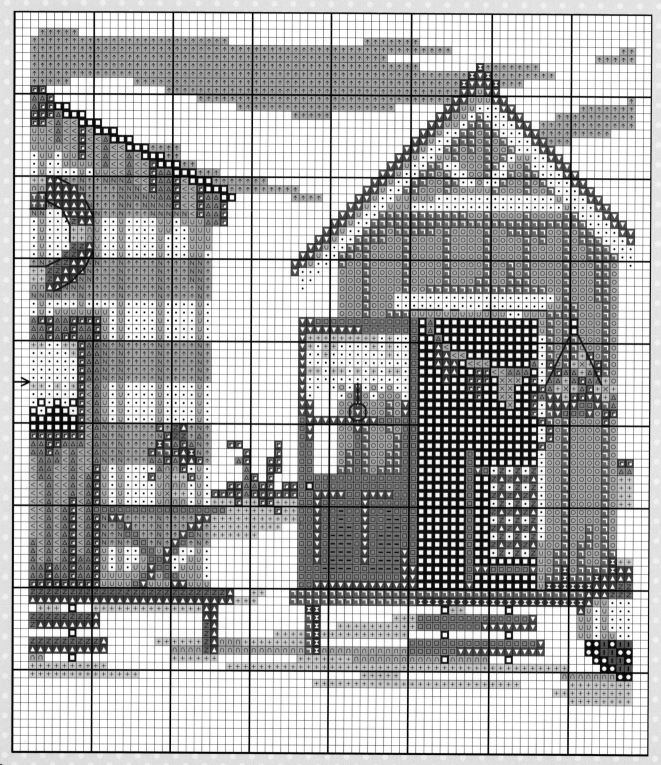

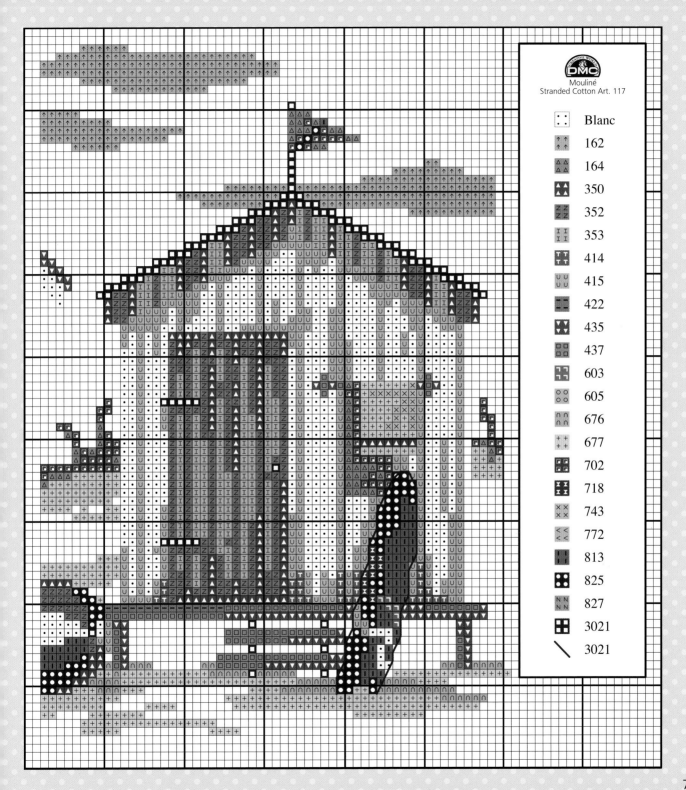

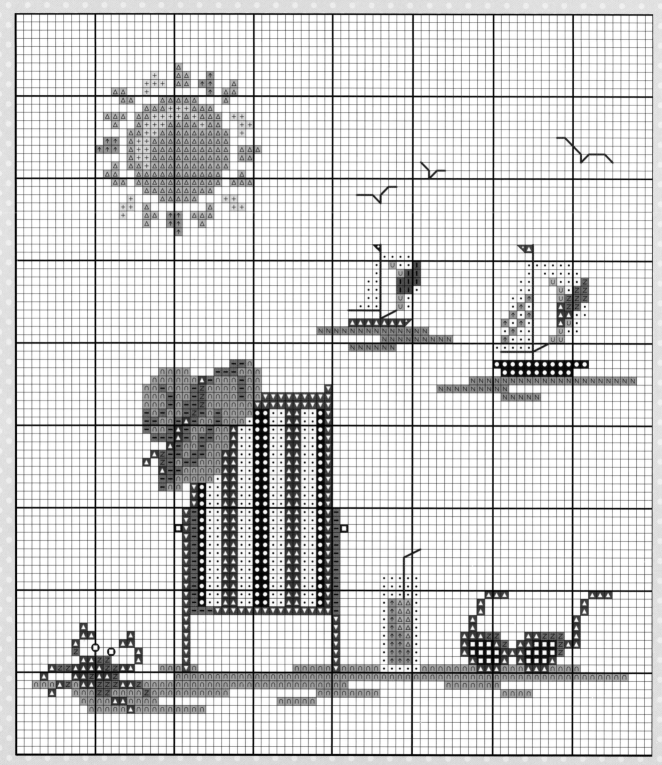

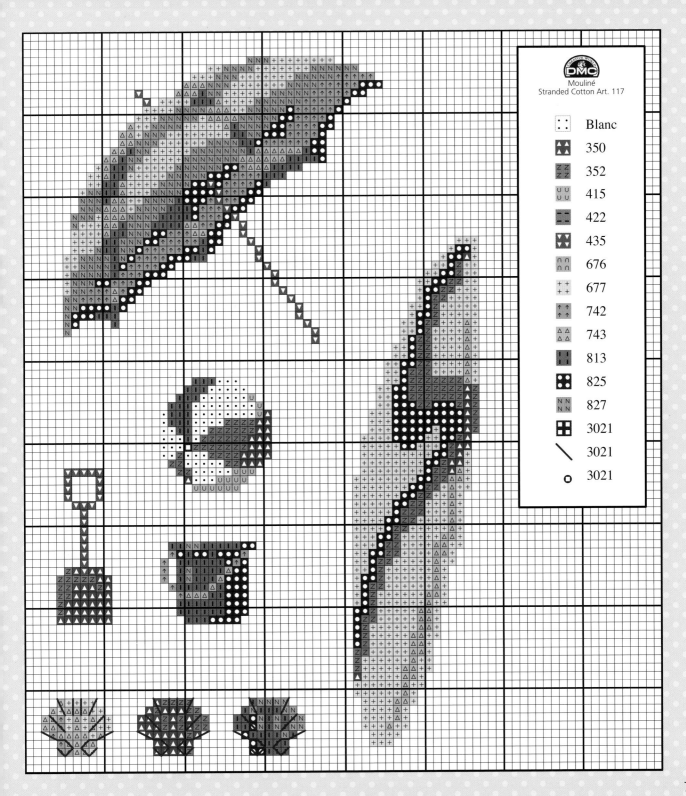

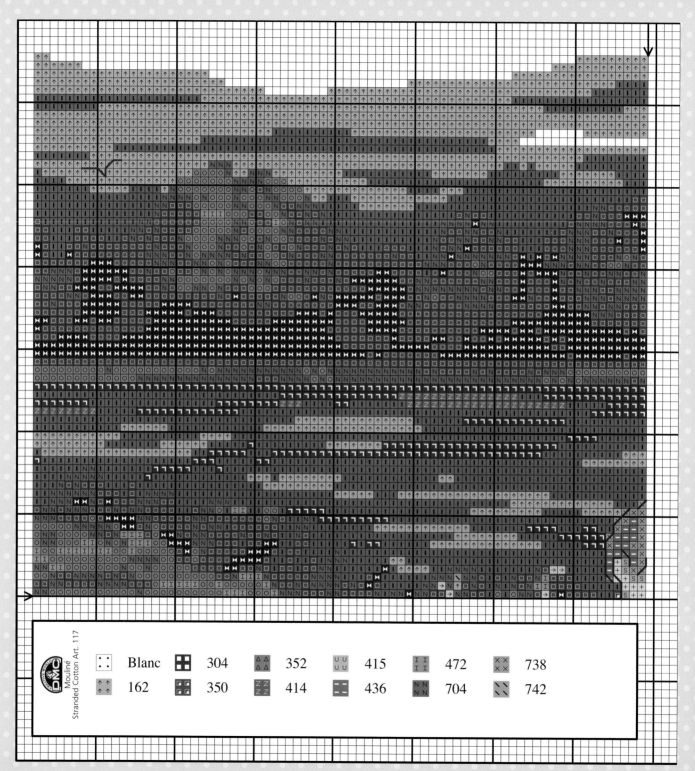

:•: Blanc	⊞ 304	△△ 352	ᵁᵁ 415	ᴵᴵ 472	✕✕ 738
↑↑ 162	▦ 350	ᶻᶻ 414	⊟⊟ 436	ᴺᴺ 704	❌ 742

DMC Mouliné Stranded Cotton Art. 117

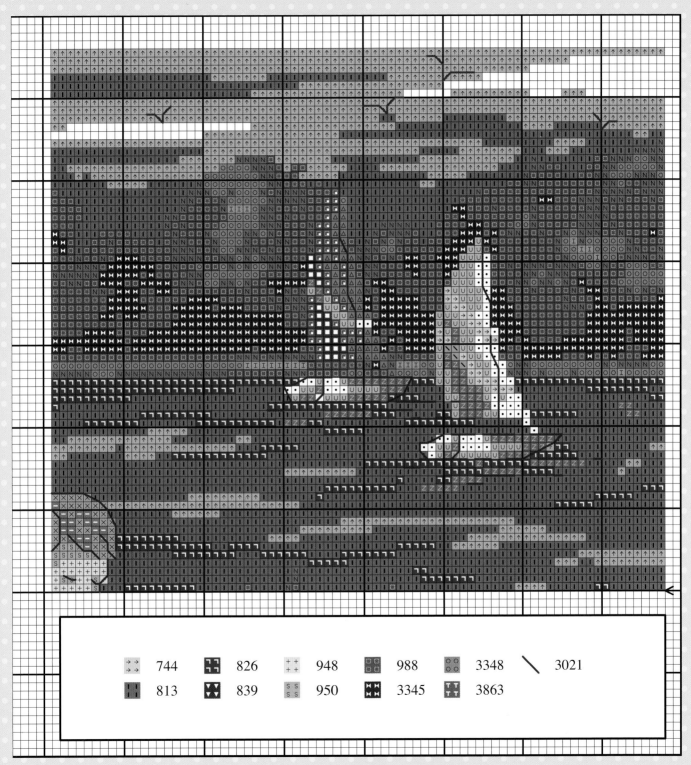

	744		826		948		988		3348	\	3021
	813		839		950		3345		3863		

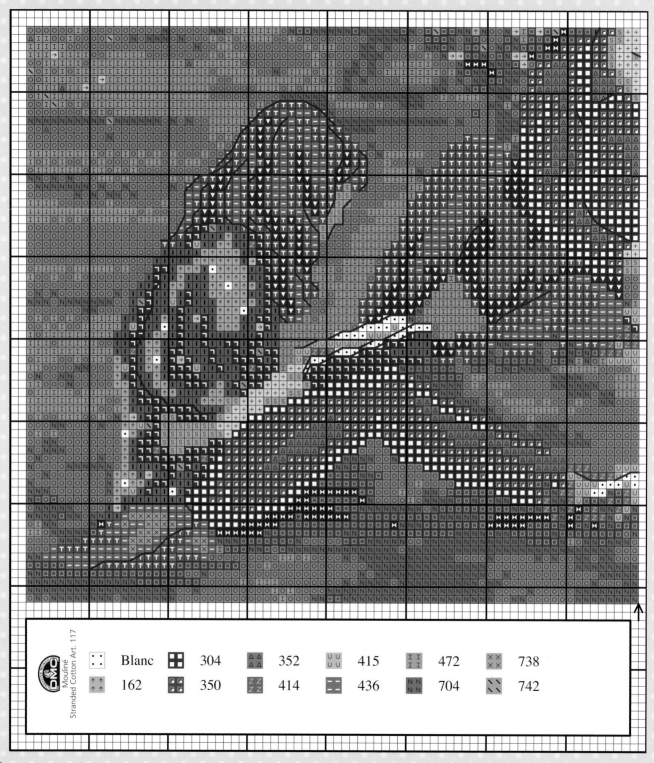

Mouliné
Stranded Cotton Art. 117

| | Blanc | | 304 | | 352 | | 415 | | 472 | | 738 |
| | 162 | | 350 | | 414 | | 436 | | 704 | | 742 |

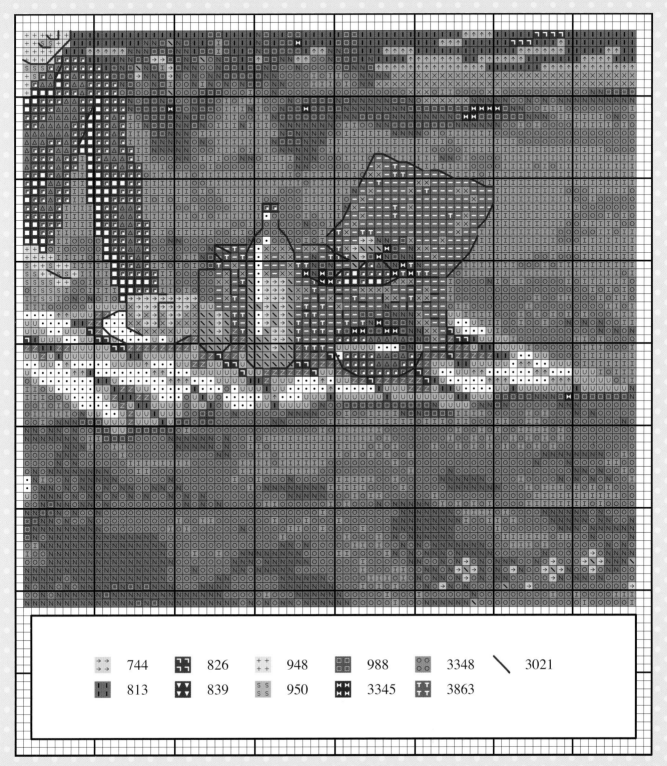

	→ → 744		826		+ + 948		988		3348	\ 3021
	813		839		s s 950		3345		3863	

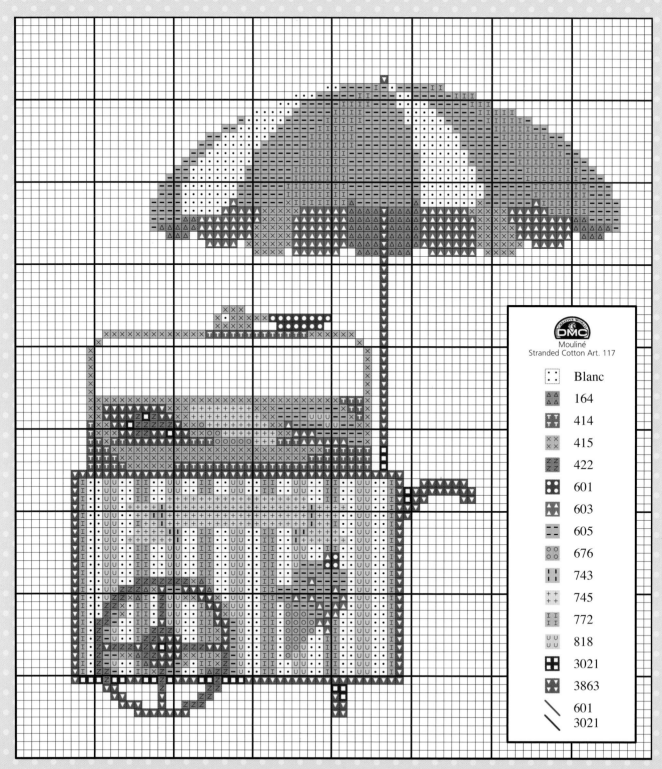

DMC
Mouliné
Stranded Cotton Art. 117

Blanc	
164	
414	
415	
422	
601	
603	
605	
676	
743	
745	
772	
818	
3021	
3863	
601 / 3021	

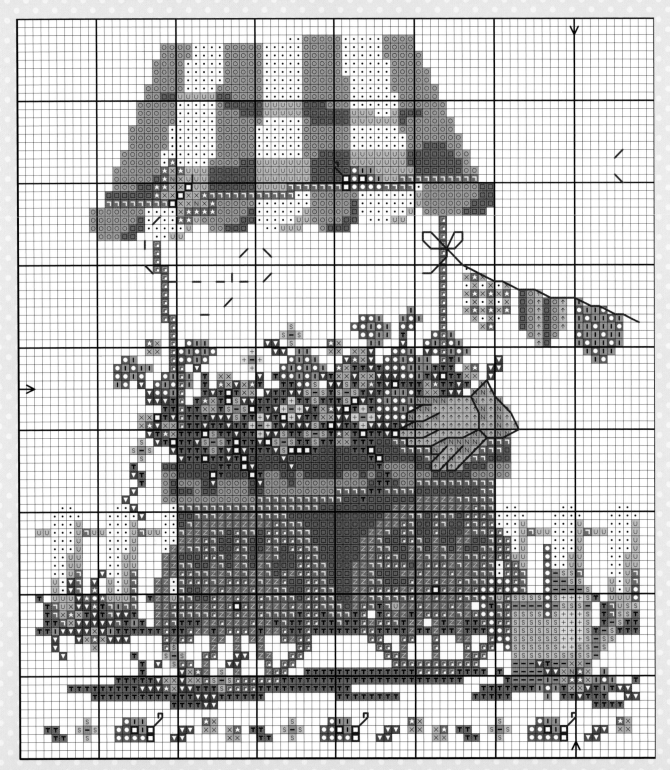

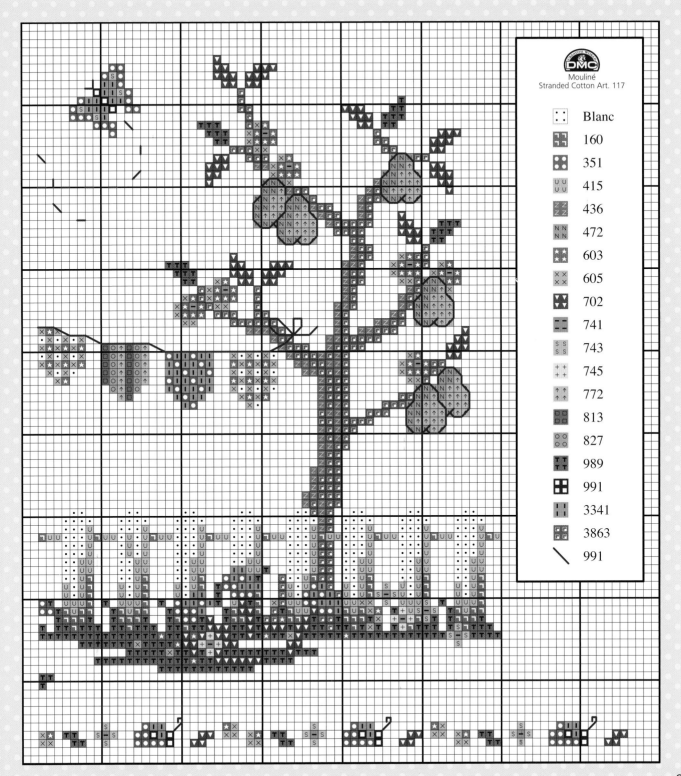

DMC
Mouliné
Stranded Cotton Art. 117

∷	Blanc	
⊤⊤	160	
●●	351	
U U	415	
Z Z	436	
N N	472	
★★	603	
××	605	
▼▼	702	
⊏⊏	741	
S S	743	
++	745	
↑↑	772	
□□	813	
○○	827	
⊤⊤	989	
⊞	991	
I I	3341	
⊡⊡	3863	
╲	991	

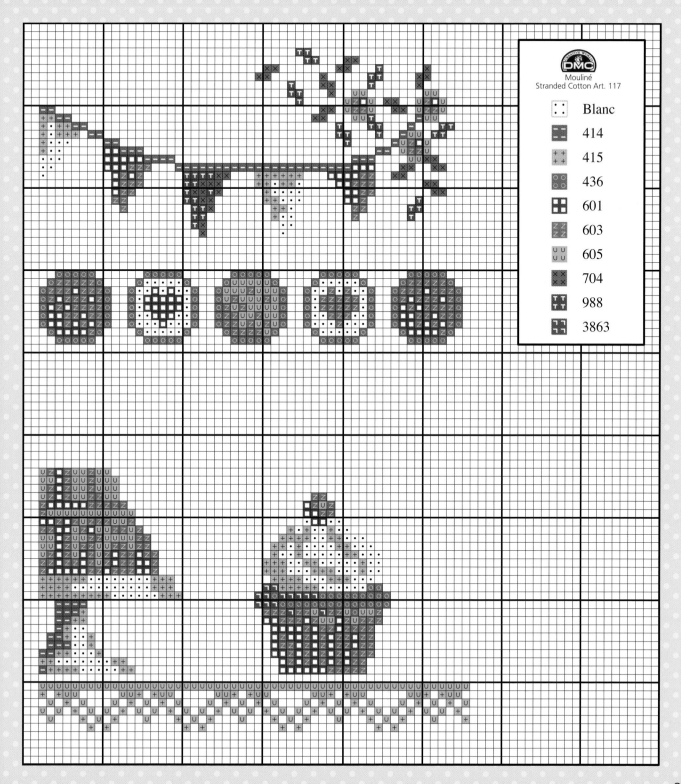

	Blanc
	414
	415
	436
	601
	603
	605
	704
	988
	3863

DMC
Mouliné
Stranded Cotton Art. 117

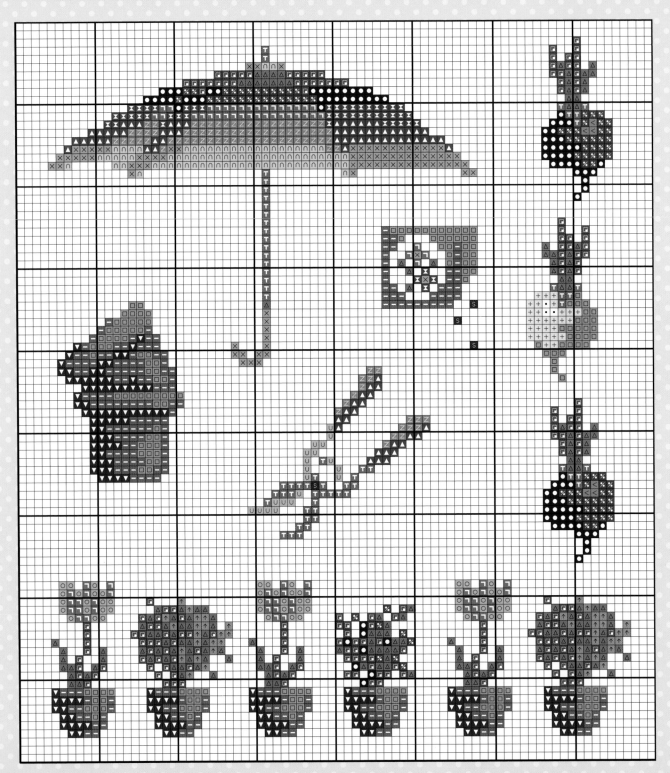

84

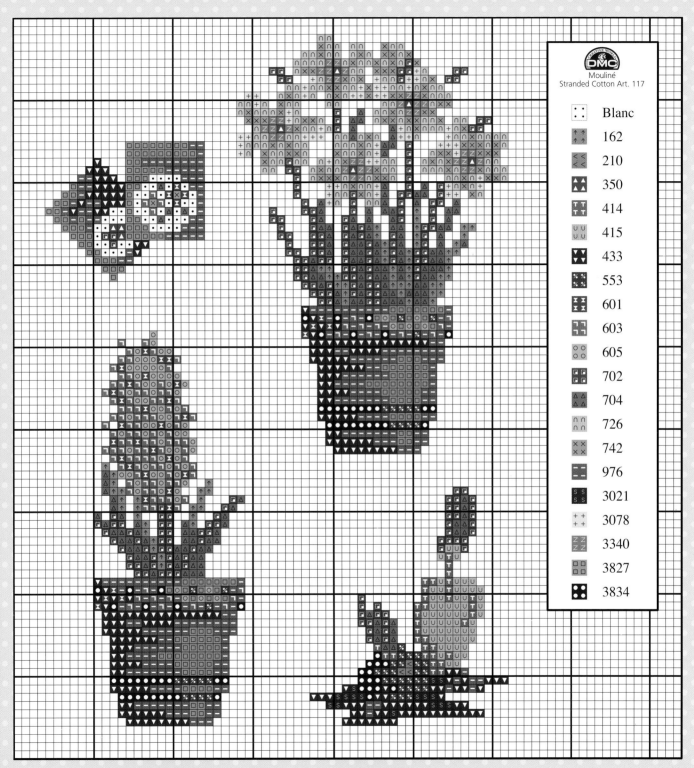

DMC
Mouliné
Stranded Cotton Art. 117

Symbol	Color
: :	Blanc
↑ ↑	162
< <	210
▲ ▲	350
T T	414
U U	415
▼ ▼	433
⁛ ⁛	553
✕ ✕	601
⅃⅃	603
○ ○	605
₧ ₧	702
△ △	704
∩ ∩	726
✕ ✕	742
– –	976
S S	3021
+ +	3078
Z Z	3340
□ □	3827
⦂⦂	3834

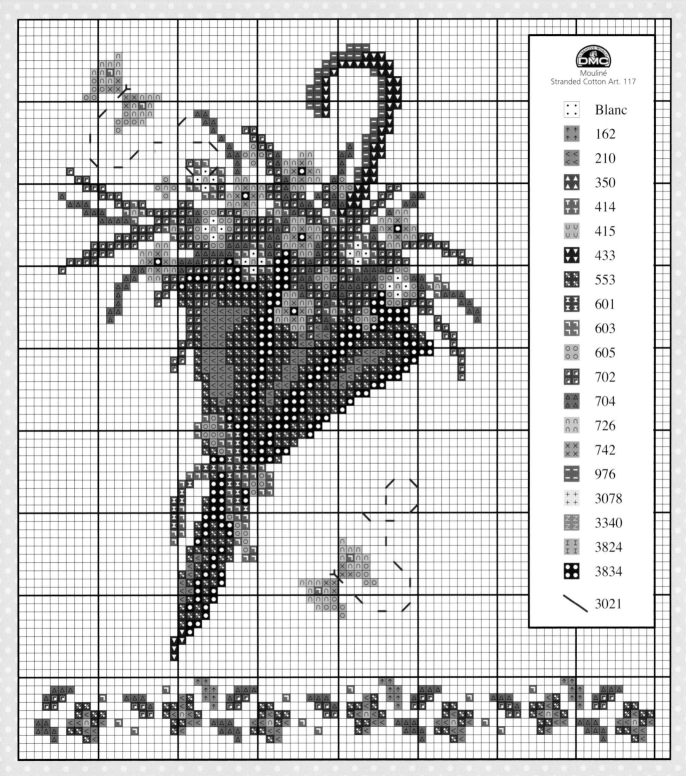

: :	: :	Blanc
↑ ↑	↑ ↑	162
< <	< <	210
▲ ▲	▲ ▲	350
T T	T T	414
U U	U U	415
▼ ▼	▼ ▼	433
✳ ✳	✳ ✳	553
✕ ✕	✕ ✕	601
◥ ◢	◥ ◢	603
∘ ∘	∘ ∘	605
┌ ┐	└ ┘	702
▲ ▲	▲ ▲	704
∩ ∩	∩ ∩	726
✕ ✕	✕ ✕	742
▬ ▬	▬ ▬	976
+ +	+ +	3078
Z Z	Z Z	3340
I I	I I	3824
● ●	● ●	3834
\		3021

DMC
Mouliné
Stranded Cotton Art. 117

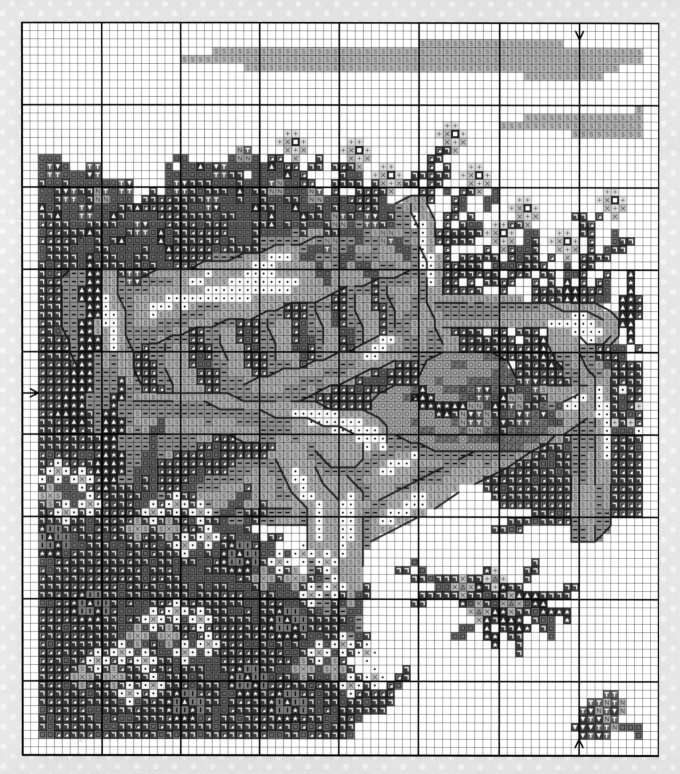

DMC
Mouliné
Stranded Cotton Art. 117

::	Blanc
★★	208
!!	210
▲▲	327
Z Z	422
▼▼	601
T T	603
N N	605
o o	676
⅂⅂	702
▢▢	704
× ×	726
▵ ▵	742
S S	747
▣▣	987
▦	3021
+ +	3078
▄▄	3752
╲	3021

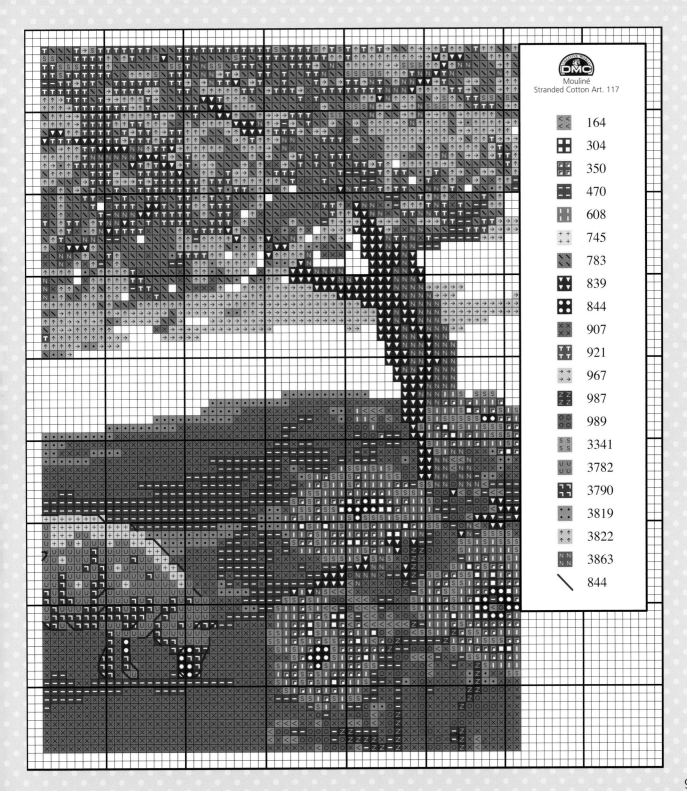

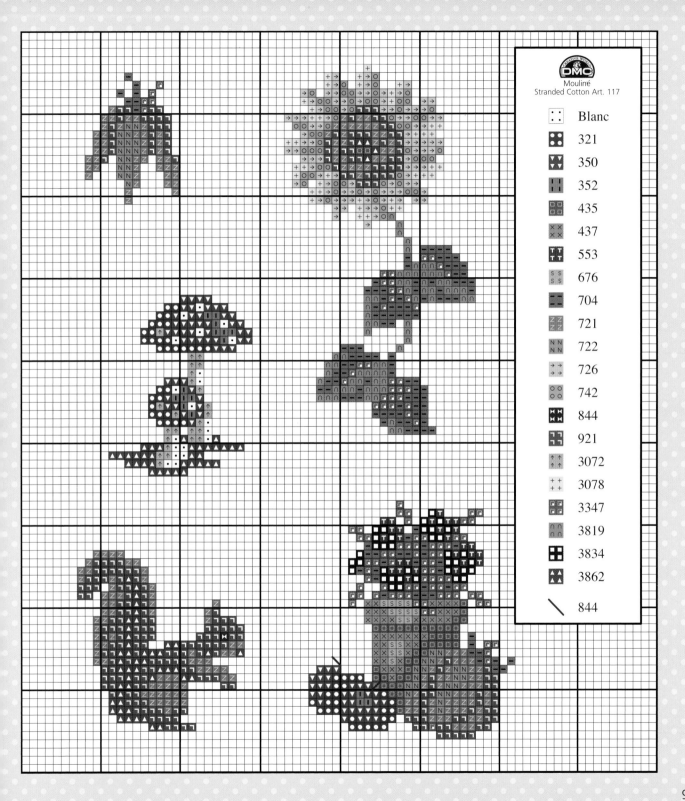

::	Blanc
⊞	321
▼▼	350
❚❚	352
▫▫	435
✕✕	437
TT	553
ss	676
▬▬	704
ZZ	721
NN	722
→→	726
○○	742
✖✖	844
⌐⌐	921
↑↑	3072
++	3078
卩卩	3347
∩∩	3819
⊞	3834
▲▲	3862
╲	844

DMC
Mouliné
Stranded Cotton Art. 117

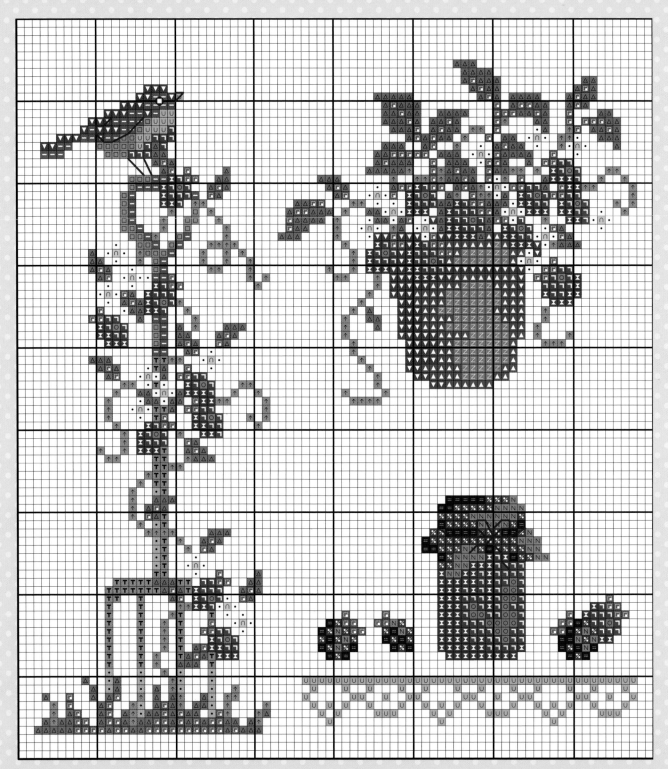

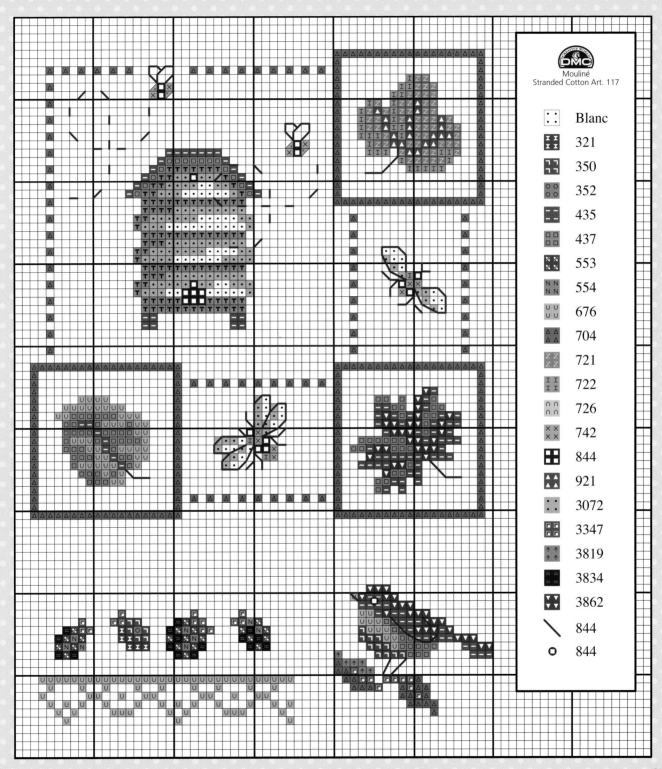

DMC
Mouliné
Stranded Cotton Art. 117

::	Blanc
✗✗	321
⌐⌐	350
oo	352
▬▬	435
▢▢	437
✗✗	553
NN	554
UU	676
▲▲	704
ZZ	721
II	722
∩∩	726
✗✗	742
⊞	844
▲▲	921
::	3072
▣▣	3347
↑↑	3819
■■	3834
▼▼	3862
╱	844
o	844

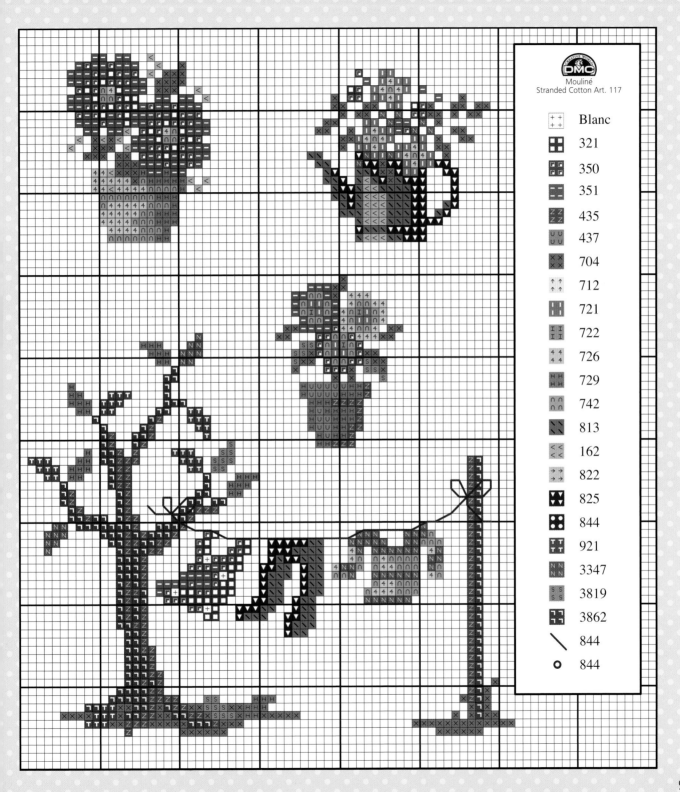

DMC
Mouliné
Stranded Cotton Art. 117

+ + / + +	Blanc
⊞	321
⊡⊡ / ⊡⊡	350
− −	351
Z Z / Z Z	435
U U / U U	437
X X / X X	704
↑ ↑ / ↑ ↑	712
▐▐	721
I I / I I	722
4 4 / 4 4	726
H H / H H	729
∩ ∩	742
◥◣	813
< < / < <	162
→ → / → →	822
▼▼	825
⚹⚹	844
T T / T T	921
N N / N N	3347
S S / S S	3819
⊞⊞	3862
╱	844
○	844

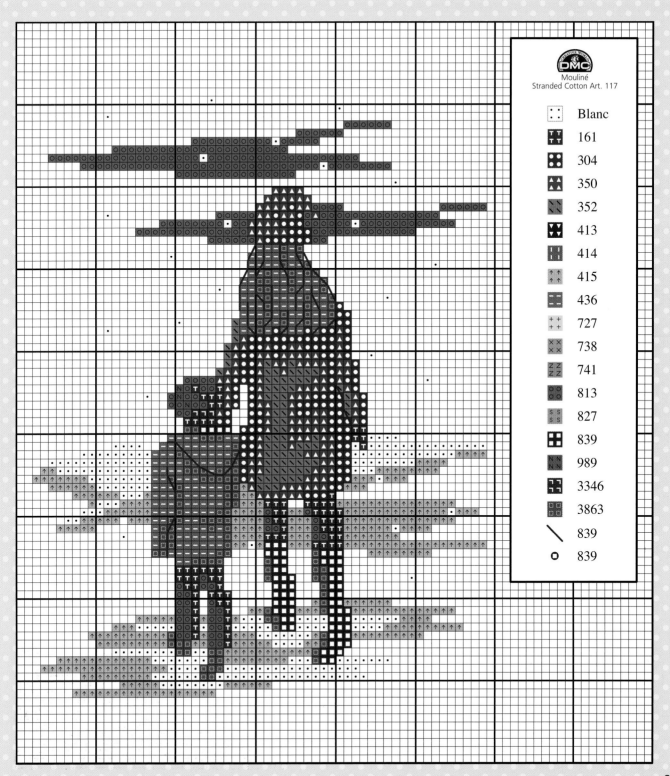

DMC
Mouliné
Stranded Cotton Art. 117

Blanc
161 TTT
304 :::
350 ▲▲
352 ◥◥
413 ▼▼
414 ⊓⊓
415 ↑↑
436 ⊏⊐
727 ++
738 ××
741 ZZ
813 ○○
827 ss
839 ⊞
989 NN
3346 ✚
3863 □□
839 ╱
839 ○

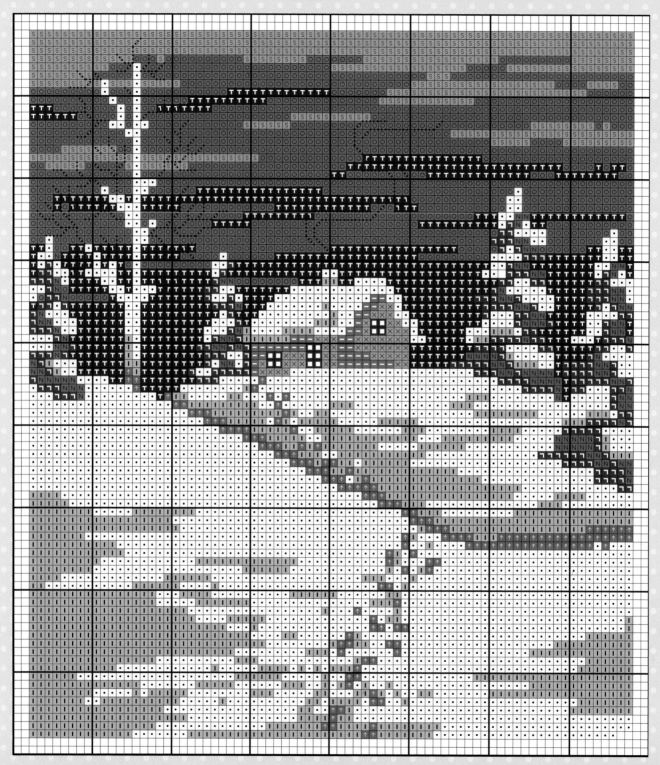

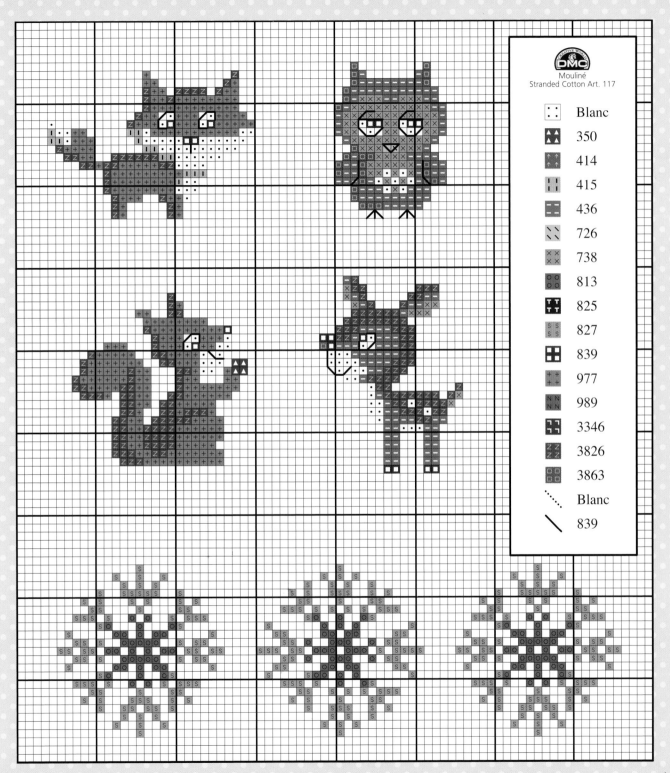

DMC
Mouliné
Stranded Cotton Art. 117

Symbol	Color
::	Blanc
▲▲	350
↑↑	414
I I	415
– –	436
\\	726
××	738
○○	813
TT	825
SS	827
⊞	839
++	977
NN	989
⊞	3346
ZZ	3826
⊡	3863
⋰	Blanc
／	839

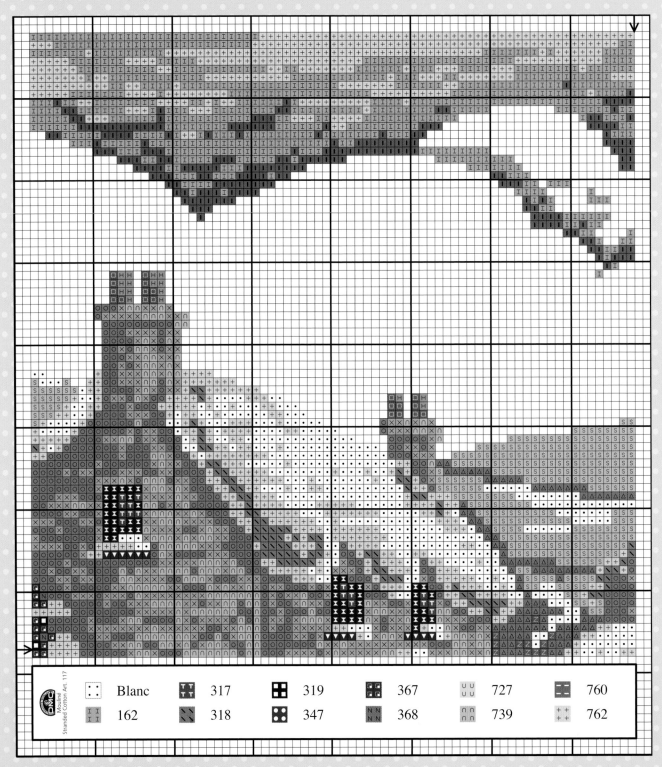

:: Blanc	317	319	367	727	760
162	318	347	368	739	762

DMC
Mouliné
Stranded Cotton Art. 117

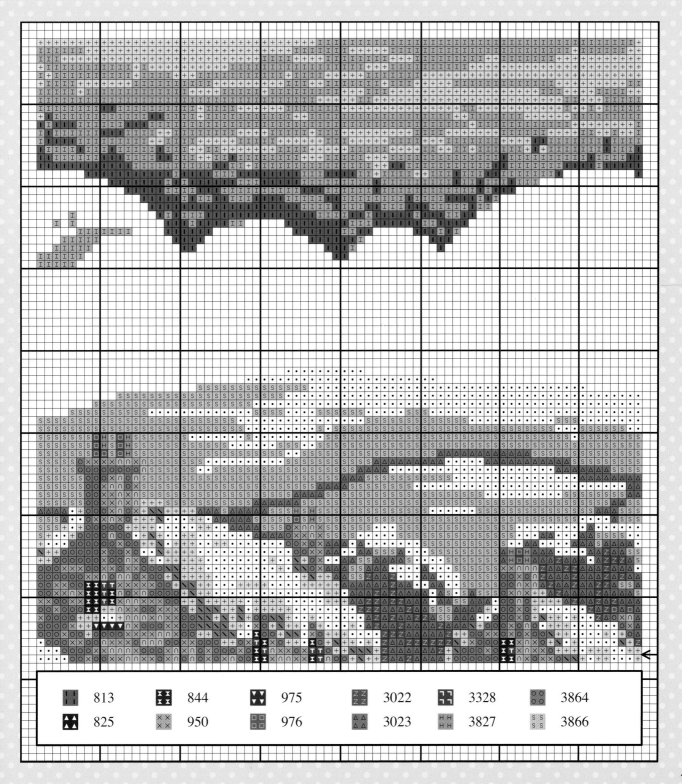

| | 813 | | 844 | | 975 | | 3022 | | 3328 | | 3864 |
| | 825 | | 950 | | 976 | | 3023 | | 3827 | | 3866 |

∴	Blanc	T T / T T	317	⊞	319	367		U U / U U	727	⊟	760
I I / I I	162	╲╲	318	⊠	347	N N / N N	368	∩ ∩	739	+ + / + +	762

DMC Mouliné Stranded Cotton Art. 117

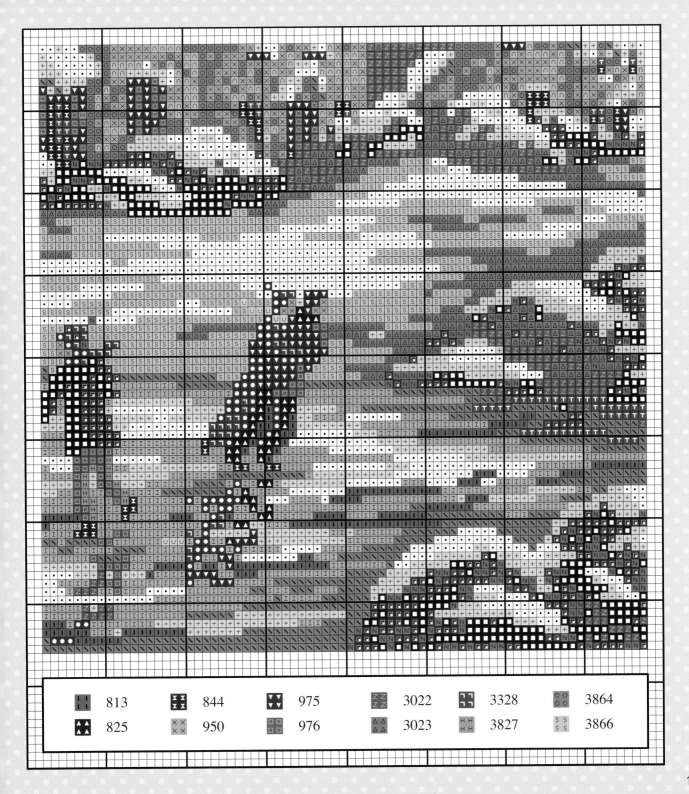

	813		844		975		3022		3328		3864
	825		950		976		3023		3827		3866

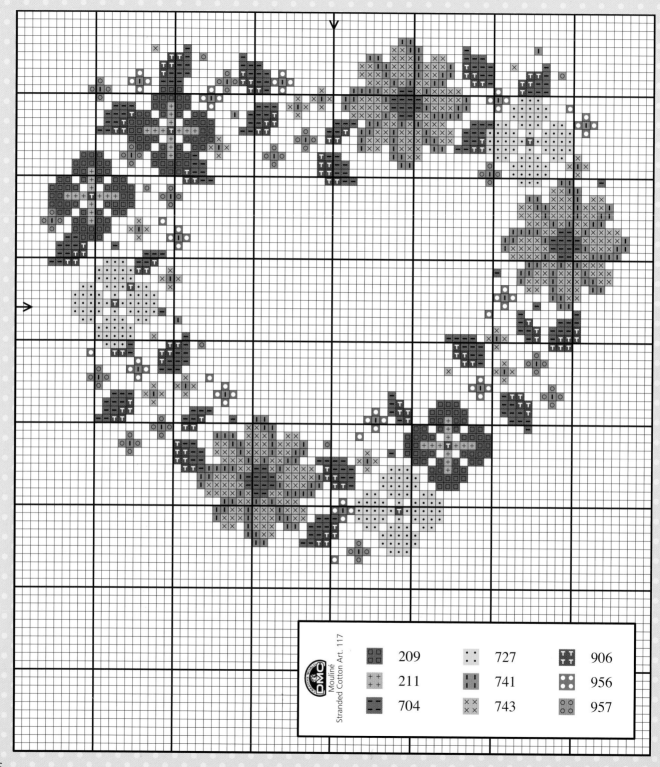

▦	209	⋮	727	T T / T T	906
+ + / + +	211	▮ ▮	741	▦	956
▬ ▬	704	✗ ✗	743	○ ○	957

Mouliné
Stranded Cotton Art. 117

DMC

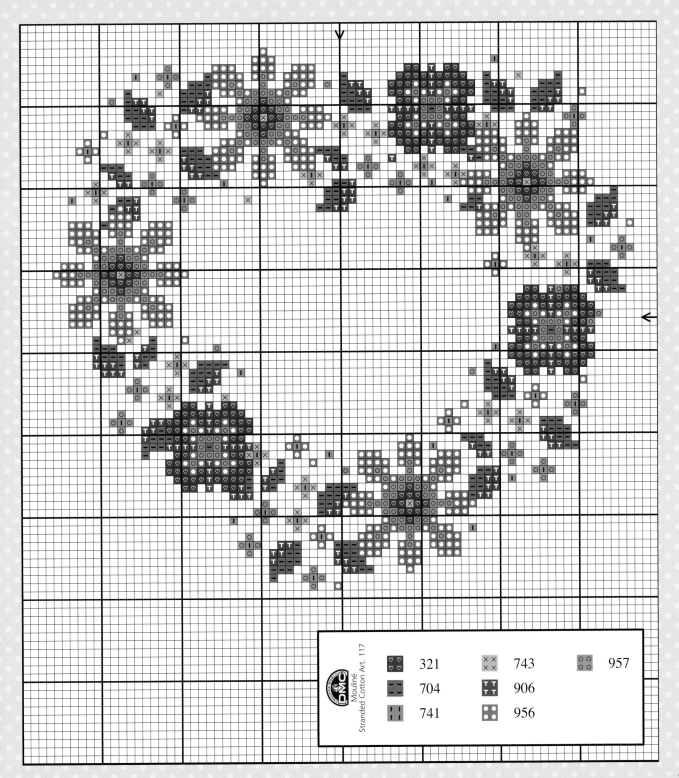

♡♡	321	××	743	◦◦	957
==	704	T T	906		
I I	741		956		

DMC
Mouliné
Stranded Cotton Art. 117

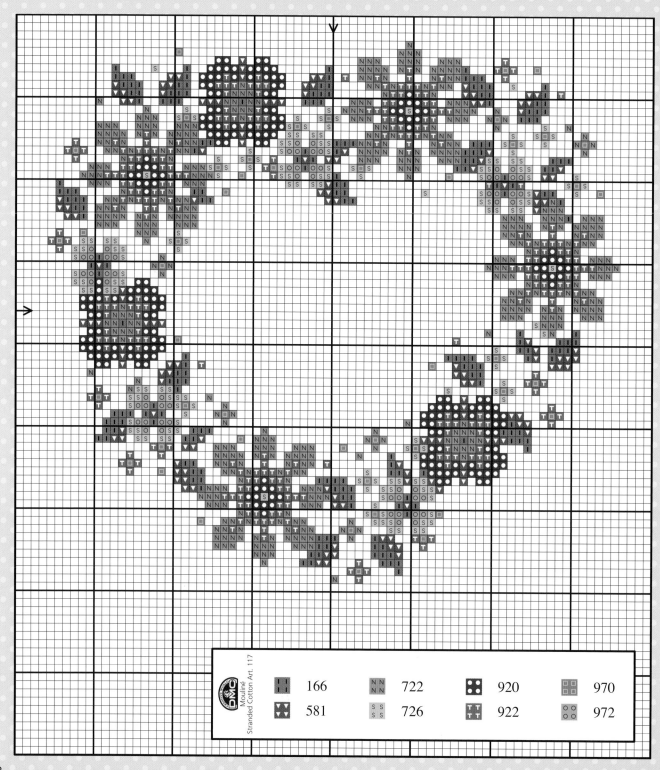

DMC Mouliné Stranded Cotton Art. 117	▮▮ 166	N N N 722	◉◉ 920	□□ 970
	▼▼ 581	s s s 726	T T T 922	○○ 972

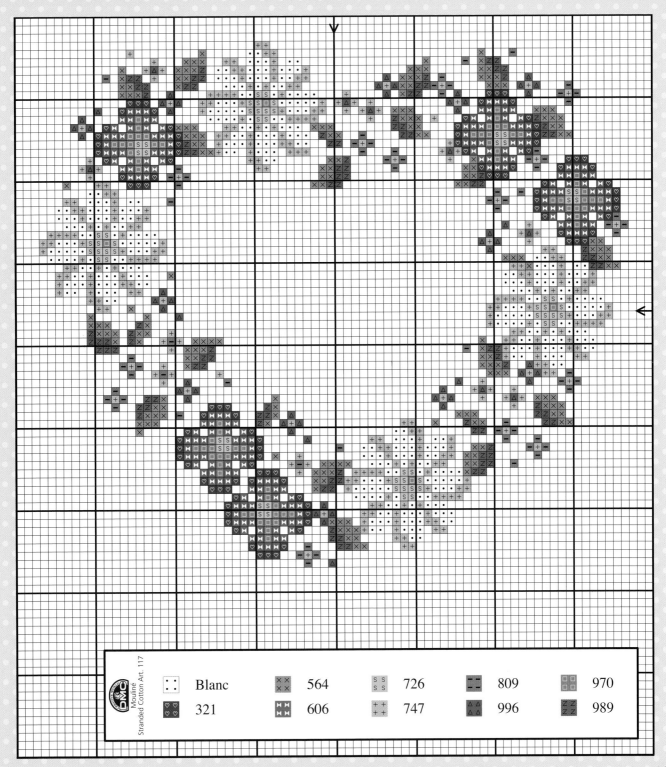

Symbol	Color	Symbol	Color	Symbol	Color	Symbol	Color	Symbol	Color
∶∶	Blanc	××	564	s s s s	726	▬▬	809	▫▫	970
♥♥	321	⋈⋈	606	++	747	▲▲	996	zz	989

DMC
Mouliné
Stranded Cotton Art. 117